国家职业资格考试指南
Guojia Zhiye Zige Kaoshi Zhinan

高级劳动关系协调师
考试指南

Gaoji Laodong Guanxi Xietiaoshi

人力资源和社会保障部劳动科学研究所
中国人民大学劳动人事学院

组织编写

《高级劳动关系协调师考试指南》

编写人员

（按姓氏笔画排序）

主　编　徐　艳　唐　鑛

编　者　汪　鑫　刘　兰　嵇月婷　李　潇　卢衍江　童　欣　刘　江

　　　　王舒扬　赵　楠　杨欣然　陈玉杰　郑海涛

前　言

　　劳资双方在工作场所形成的用工关系就是劳动关系，劳动关系管理就是对劳资双方在工作场所形成的用工关系进行协调和管理。战略劳动关系管理的对象就是工作场所中的"人力资源与劳动关系"，我们把"人力资源与劳动关系"（HRIR）作为一个单个的词语来描述一个宽泛的领域，既包括人力资源管理也包括劳动关系的制度性范式。劳动关系管理清楚地表明劳资双方在企业中是一种谁也离不开谁的相互依存关系，企业只不过是一个利益相关方为实现共同利益并进行各自利益交换的平台而已。战略劳动关系管理认为企业要绩效，员工要报酬，这都是天经地义的，是市场经济条件下再正常不过的事情了。报酬和绩效其本质是劳资双方的对等承诺和双向实现，这才是工作场所用工管理的主要矛盾和主要问题，战略劳动关系管理实践实质上就是一个在组织绩效与员工报酬之间寻找平衡的过程。

　　对于我国复杂的劳动关系现状，党的十八大报告明确指出："健全劳动标准体系和劳动关系协调机制，加强劳动保障监察和争议调解仲裁，构建和谐劳动关系"。因此，正确处理和协调劳动关系，已经成为我们在处理和协调各种经济社会矛盾中的一项长期的中心内容，成为协调社会经济发展的重要方面，成为建设和谐社会的基础工作。

　　我国虽然已经建立了包括法定劳动保障基准、劳动合同、集体合同、劳动争议处理、劳动保障监察制度在内的法定劳动关系调整体系，但是保障这套体系运行的劳动关系协调人员严重缺乏，亟待加强队伍建设。劳动关系协调工作责任重，专业性强，不仅要求从业人员具有认真负责的态度、客观公正的意识，更需要相应的劳动关系和劳动保障法律知识以及娴熟的判断、沟通和说服技能。因此，我国在壮大劳动关系协调人员队伍的同时，必须加强职业培训，建立相应的职业资格制度。

　　正是在这种现实需求和理论指导下，劳动和社会保障部于2007年11月将劳动关系协调员作为新职业发布，劳动科学研究所承担《劳动关系协调员国家职业标准》（以下简称《职业标准》）的编制工作，该职业标准于2008年2月由劳社厅发【2008】5号文发布试行。2012年，劳动科学研究所与中国人民大学劳动人事学院共同组织编写了《劳动关系协调员国家职业资格培训鉴定教材（试用)》，2014年《劳动关系协调员国家职业资格培训鉴定教材》（以下简称《培训鉴定教程》）和《劳动关系协调员（师）国家职业资格考试指南》（以下简称《考试指南》）由人民出版社正式出版。

　　《考试指南》以《职业标准》为依据，以《培训鉴定教程》为基础，编写了鉴定要素细目表，并对各章节的知识点进行了梳理。为指导考生更好地掌握《培训鉴定教程》的重点、理解难点、解析疑点，《考试指南》还给考生提供了各种练习题，如辅导练习题、真题详解、样题及解答示例等。

　　《考试指南》丛书包括：《劳动关系协调员基础知识考试指南》、《劳动关系协调员考试指南》、《劳动关系协调师考试指南》、《高级劳动关系协调师考试指南》。我们计划还将陆续推出《劳动关系协调案例库》、《劳动关系协调员国家职业资格考试法律汇编》等相关辅导书籍。

《考试指南》丛书由中国人民大学劳动人事学院唐鑛教授和人力资源和社会保障部劳动科学研究所徐艳主任共同担任主编，负责丛书的框架结构设计以及丛书的统稿工作。各章节的具体分工为：第一篇由刘兰编写；第二篇由汪鑫编写；第三篇由嵇月婷编写第一章，李潇、嵇月婷编写第二章，卢衍江、王舒扬编写第三章，汪鑫、李潇编写第四章，童欣、汪鑫编写第五章，刘江、赵楠编写第六章；第四篇由汪鑫、陈玉杰、郑海涛编写。汪鑫和陈玉杰负责全套教程的统稿和校稿工作。柯烁荣、王笑颜、贾丽妍、余田、王方易、廖紫薇、刘文静、冉凯文、冯国豪、曹可安、黄文欣、王冠迪、王选立、武芳旭、冷宜臻、周亚颖、杨欣然、刘晓琳、黄尧、林芳圆、柯丽香、张佳玮、朱云乐等参与了丛书的讨论、校稿等工作。

虽然劳动关系学科建设和专业推广在我国目前的社会经济背景下正在全面普及，劳动关系协调员（师）教学培训工作的开展也正如火如荼，呈燎原之势，但是我们必须清醒地认识到具有中国特色的社会主义劳动关系理论体系和教研体系的构建还处于探索之中。因此，《劳动关系协调员考试指南》丛书难免存在许多不足之处，我们殷切地期望人力资源与劳动关系领域的专家、学者和从业人员给予批评和建议，以便我们进一步改进和完善。

目 录

第四篇　高级劳动关系协调师考试真题

第一篇
考试说明及复习指导

劳动关系协调员国家职业资格考试说明

一、劳动关系协调员国家职业资格鉴定概述

2008 年，劳动和社会保障部颁布了《劳动关系协调员国家职业标准》（劳社厅发【2008】5 号文）（以下简称《职业标准》）。《职业标准》指出：劳动关系协调员是指从事宣传和监督劳动保障法律实施、管理劳动合同、参与集体协商、促进劳资沟通、预防与处理劳动争议等协调劳动关系的专业工作人员。主要职业功能有六项，分别是劳动标准实施管理、劳动合同管理、集体协商和集体合同管理、劳动规章制度建设、劳资沟通和民主管理、员工申诉和劳动争议处理。本职业共设三个等级，分别为劳动关系协调员（国家职业资格三级）、劳动关系协调师（国家职业资格二级）和高级劳动关系协调师（国家职业资格一级）。

二、《考试指南》与《培训鉴定教程》、《职业标准》的关系

本《考试指南》是为了帮助考生了解和掌握劳动关系协调员国家职业资格认证考试的内容和要求编写的，同《劳动关系协调员国家职业标准》，以及人民出版社出版发行的国家职业资格培训鉴定教程——《劳动关系协调员基础知识》、《劳动关系协调员（国家职业资格三级）》、《劳动关系协调师（国家职业资格二级）》、《高级劳动关系协调师（国家职业资格一级）》（以下简称《培训鉴定教程》）有着密切的联系。

（一）《职业标准》

《职业标准》是国家制定的专门用于职业技能鉴定的纲领性文件。考生可以从《职业标准》中了解本职业的概况，如职业的定义、职业等级的划分、职业能力特征、培训的要求、鉴定的要求等；更重要的是，《职业标准》统一制定了职业功能模块，并且明确了每项职业功能所需的相关知识和能力要求，这些即是考试的基本内容；与此同时，《职业标准》还规定了各职业功能模块在考试中所占的比重，这也是命题的重要依据。

（二）《培训鉴定教程》

《培训鉴定教程》以《职业标准》为依据，体现了本职业对不同层级从业人员所应掌握的理论知识和操作技能的要求，是《职业标准》中各项职业功能所要求的相关知识和能力的细化，是考生获取理论知识与专业技能的基本依据。参加不同层级劳动关系协调员考试的考生，通过对《培训鉴定教程》的学习，可以更好地掌握劳动关系协调员工作所必需的各项专业技能。

（三）《考试指南》

《考试指南》以《职业标准》为准绳，按照《培训鉴定教程》的章节编写了鉴定要素细目表，明确了各章节的考核知识点。同时，《考试指南》还提供各种题型的样题及解答示例，为考生掌握重点、理解难点、解析疑点提供具体的指导；加入真题的内容（考试真题样本），也可以更好地指导考生复习。

三、命题依据及原则

（一）命题依据

劳动关系协调员国家职业资格鉴定考试命题的主要依据是劳动和社会保障部于 2008 年 2 月 29 日颁布施行的《劳动关系协调员国家职业标准》（劳社厅发【2008】5 号文）以及涉及劳动关系协调工作的各项法律法规及规章制度，并充分考虑到当前我国社会经济的发展对劳动关系协调工作人员在知识、能力和心理素质等多方面的要求。

（二）命题原则

1. 命题的总体原则

本职业鉴定考试的命题总体原则是：高等级的理论知识和能力要求覆盖低等级的理论知识和能力要求；注重基本知识和基本能力的理解与掌握，难度适中，不出偏题怪题；适应我国劳动关系的现状乃至未来发展趋势，以及本职业的特点和目前总体水平。

2. 理论知识考试的命题原则

理论知识考试应实事求是地反映《职业标准》所提出的各项要求；注重理论知识对职业能力的支撑作用，强调实际工作中必备的知识，避免过度学科化；同时坚持科学性、实用性、一致性、通用性和先进性原则，既考虑当前本职业的发展水平，又要体现一定的前瞻性。

3. 专业技能考核的命题原则

专业技能考核强调实际操作技能的具体应用性，注重所考内容在实际工作中的基础性和关键性作用；结合实践中的典型工作任务，最大限度地呈现出真实工作情境和反映出当前社会热点问题，使鉴定具有较强的针对性；依据劳动关系协调员各等级的岗位胜任能力要求，监测考生的实际职业能力水平。

四、鉴定方式

根据《职业标准》的规定，劳动关系协调员国家职业资格鉴定方式分为理论知识考试和专业技能考核，均采用闭卷笔试方式，实行百分制，60分及以上为合格（理论知识考试、专业技能考核的合格成绩两年之内有效）；劳动关系协调师（国家职业资格二级）和高级劳动关系协调师（国家职业资格一级）考核还需要进行综合评审。综合评审采用案例分析、论文答辩、业绩考核等形式。

（一）理论知识考试

理论知识考试时间不少于90分钟，考试采用单选和多选两种类型的客观题目。其中，单选题有四个备选项，仅有一个正确的答案；多选题也有四个备选项，有两个或两个以上的正确答案。考试内容包括《劳动关系协调员基础知识》、《高级劳动关系协调师（国家职业资格一级）》、《劳动关系协调师（国家职业资格二级）》、《劳动关系协调员（国家职业资格三级）》培训鉴定教程中所介绍的相关知识和能力要求。考试涉及的各个模块内容及所占比例如表1所示，需要注意的是，在各个层级的考试中，同一模块知识所占的比重有所区别。

表1　理论知识考试各模块知识比重表

项目		劳动关系协调员（％）	劳动关系协调师（％）	高级劳动关系协调师（％）
基本要求	基础知识	15	10	0
	职业道德	5	5	0
相关知识	劳动标准实施管理	15	10	10
	劳动合同管理	15	15	20
	集体协商与集体合同管理	10	15	20
	劳动规章制度建设	10	10	10
	劳资沟通与民主管理	10	15	15
	员工申诉与劳动争议处理	20	20	25
合　计		100	100	100

（二）专业技能考核

专业技能考核时间不少于120分钟，考试一般采用简答题、案例分析题、方案设计题等类型的主观题目，考试内容包括《高级劳动关系协调师（国家职业资格一级）》、《劳动关系协调师（国家职业资格二级）》、《劳动关系协调员（国家职业资格三级）》培训鉴定教程中所介绍的相关知识和能力要求。考试涉及的各个模块内容及所占比例如表2所示：

表2　专业技能考核各模块知识比重表

项目		劳动关系协调员（%）	劳动关系协调师（%）	高级劳动关系协调师（%）
相关知识	劳动标准实施管理	20	15	10
	劳动合同管理	20	20	20
	集体协商与集体合同管理	10	10	10
	劳动规章制度建设	10	15	15
	劳资沟通与民主管理	15	15	20
	员工申诉与劳动争议处理	25	25	25
合　计		100	100	100

（三）综合评审

　　劳动关系协调师（国家职业资格二级）和高级劳动关系协调师（国家职业资格一级）考核还需要进行综合评审。综合评审可采用案例分析、论文提交、论文答辩、业绩考核、项目评审、方案设计等多种形式进行。

（四）不同等级考试的难度区分

　　本职业共分三个等级，虽然《职业标准》对三个等级的申报条件做出了明确的界定，但是按照《职业标准》的要求，劳动关系协调员职业的三个等级都涵盖了职业标准中的六个职业功能模块，但三个等级的职业活动层级和范围有较大区别。

　　《职业标准》对劳动关系协调员、劳动关系协调师、高级劳动关系协调师的能力要求依次递进，高级别涵盖低级别的内容，即着眼于同样的职业功能，但是高级别的鉴定考试覆盖低级别鉴定考试的内容，向纵深发展。表3以"试用期"和"年休假"知识点为例，说明三个等级考试的不同侧重点和难度区分。

表3　不同等级考试的侧重点和难度示例

等级	三级	二级	一级
命题依据	岗位职责、职位权限、典型工作任务		
命题侧重点	常识认知（70%） 一般应用（30%）	常识认知（50%） 问题解决（50%）	常识认知（30%） 重大、疑难问题解决（70%）
命题难度区分	典型工作任务涉及的常识及其简单应用。	典型工作任务涉及的常识及其复杂应用。	仍立足于典型工作任务涉及的常识，在应用方面向纵深发展，注重从战略上解决问题。
命题内容示例1（试用期）	不同期限劳动合同对应的试用期长短；试用期的待遇的有关规定等。	针对期限或者待遇不合法的试用期事例的处理办法；试用期辞退员工的条件和程序等。	和试用期相关的用工方式的选择、劳动合同期限的选择；试用期工资的设计；试用期的管理；试用期跟进评估；如何避免试用期产生的风险等。
命题内容示例2（年休假）	工作年限对应的年休假天数；年休假工资支付比例等。	根据职工工龄计算年休假、应休未休年休假工资；职工中途入职或离职情形下年休假的计算及应休未休的补偿等。	针对国家关于放假安排的有关规定、本单位工作性质、工作进度安排以及职工的个性化需求，制定职工休假实施方案等。

高级劳动关系协调师(国家职业资格一级)复习指导

一、高级劳动关系协调师（国家职业资格一级）考试内容及特点

根据《职业标准》的规定，高级劳动关系协调师（国家职业资格一级）考试包括理论知识考试、专业技能考试和综合评审三部分，所涉及的知识内容如表4所示。

表4　高级劳动关系协调师（国家职业资格一级）考试内容

项　目		理论知识	专业技能	综合评审
基本要求	基础知识	0	0	100
	职业道德	0	0	
相关知识	劳动标准实施管理	10	10	
	劳动合同管理	20	20	
	集体协商与集体合同管理	20	10	
	劳动规章制度建设	10	15	
	劳资沟通与民主管理	15	20	
	员工申诉与劳动争议处理	25	25	
合　计		100	100	100

高级劳动关系协调师（国家职业资格一级）的申报条件最高，鉴定考试的重点仍立足典型工作任务涉及的常识，在应用方面向纵深发展，注重从战略上解决问题。根据《职业标准》，高级劳动关系协调师（国家职业资格一级）的鉴定方式除理论知识考试和专业技能考核外，还需进行综合评审。综合评审可采用案例分析、论文提交、论文答辩、业绩考核、项目评审、方案设计等多种形式进行。

二、针对高级劳动关系协调师（国家职业资格一级）考试的复习方法

劳动关系协调员国家职业资格考试的理论性和实践性都比较强，需要考生全面理解本《考试指南》所列出的鉴定范围和各章节的鉴定点，系统掌握《培训鉴定教程》中所阐述的基本原理、基本方法和基本技能，紧紧抓住本职业等级所需具备的基础知识和相关知识的关键点，密切联系自己的实践经验，深入探索劳动关系协调工作的规律性。为此，提出以下几点意见和建议供考生参考。

（一）注重理论基础的构建

《职业标准》对劳动关系协调员、劳动关系协调师、高级劳动关系协调师的能力要求依次递进，高级别涵盖低级别的内容，同时，高级劳动关系协调师还应具备对劳动关系协调员和劳动关系协调师进行业务指导的能力。因此，高级劳动关系协调师（国家职业资格一级）的考核鉴定范围不仅仅局限于《培训鉴定教程》（一级）的内容，还需要考生构建一个完整的基础理论体系，全面熟练掌握其他级别的基本理论知识和专业能力要求。

（二）以《职业标准》为脉络梳理专业知识

《职业标准》规定了高级劳动关系协调师的职业功能，并细化了工作内容和相关知识，《培训鉴定教程》的编写也是以《职业标准》为依据的。因此《职业标准》提供了一条高级劳动关系协调师需掌握的专业知识的清晰的脉络。掌握这条逻辑主线，考生就能建立起相对完备的知识体系，把零散的专业知识碎片有机地整合在一起，找到自己的薄弱环节有针对性地进行复习。同时，知识体系结构的完整性有助于考生在解决应用型问题时考虑得更全面、更充分，提出更加合理的解决方案。

（三）关注复杂疑难问题的解决

一级考试的命题更加注重宏观层面，侧重复杂疑难问题的解决。高级劳动关系协调师负有指导劳动关系协调师和劳动关系协调员工作的责任。因此考生不能仅仅满足于理论知识的认知，更要提升看问题的高度，站在管理者的角度进行问题解决，而不是仅仅停留在基层办事员的角度。因此除了复习书本知识外，参加一级考试的考生还应当关注劳动关系领域的社会热点问题，学会理性思考，培养妥善处理重大疑难问题的能力。

三、高级劳动关系协调师（国家职业资格一级）样题及解答示例

高级劳动关系协调师（国家职业资格一级）的鉴定考试主要通过选择题、简答题和综合分析题等题

型体现，选择题的命题视角主要包括基本概念、基本概念的延伸、基本观点、相近概念和包含于一个命题中的并列从属项等。基本概念主要指各种概念、定义的内涵；基本观点主要指常识性、比较重要的观点等。相近概念是指两个或两个以上意义相近、但内涵外延又略有不同的定义。包含于一个命题中的并列从属项是指构成某个知识体系的若干并列知识要点。简答题的命题视角主要是基本原理、重要概念和观点的区别联系，以及劳动关系协调工作中的具体程序、方法、过程和步骤等。综合分析题包括案例分析、情境模拟、文书写作等多种题型。综合分析题考核考生对基本原理和方法的扎实掌握和综合应用能力。这类试题的命题视角一般体现在对劳动关系协调工作中重要原理和法律规范的理解，以及基本程序、方法的操作和运用上。高级劳动关系协调师（国家职业资格一级）综合评审有多种方式。以方案设计为例，其命题视角主要是检测考生运用劳动关系协调的基本原理和基本方法，分析和解决实际工作中遇到的问题的能力，即针对具体情境提出相应的解决方案。

（一）单项选择题

单项选择题是要求在四个选项中选择一个符合题干要求的、最恰当的选项。

示例：

【题目】劳动标准是指对劳动领域内的（   ）事物、概念和行为进行规范，以定性形式或者以定量形式所作出的统一规定。

A. 标准性

B. 重复性

C. 自然性

D. 常见性

【答案】B

【解析】

（1）本题属于"劳动标准实施管理"部分的内容。劳动标准的概念为：劳动标准是指对劳动领域内的重复性事物、概念和行为进行规范，以定性形式或者以定量形式所作出的统一规定。因此答案应当选B。

（2）在高级劳动关系协调师的考试中，基本概念的界定仍然非常重要。劳动标准的概念是"劳动标准实施管理"中重要的知识点，考生应在理解的基础上准确把握。

（二）多项选择题

在多项选择题中，题目一般设置四个选项，其中有两个或者两个以上的选项符合题意。多项选择题考生少选、多选、错选均不得分。

示例：

【题目】劳动规章制度的重要性体现在（   ）。

A. 劳动规章制度是企业正常运行的保证，是组织成员行动的指南

B. 劳动规章制度是企业内部唯一的行为准则，成员的一切行为受其约束

C. 劳动规章制度是企业奖惩的依据

D. 劳动规章制度是劳资双方维权的利器

【答案】ACD

【解析】

（1）本题属于"劳动规章制度建设"部分的内容，本题可以采用排除法，B选项有明显的绝对化，不符合题意，而ACD的内容并无错误，因此是正确答案。

（2）在答题的过程中，可以将题目设定的条件代入实践工作中进行判断，就比较容易得出正确的答案。

（三）简答题

简答题要求对题目作出简要回答，进行适当的阐述。

示例：

【题目】简述我国影响劳动争议的因素。

【答案】

（1）经济和社会发展不平衡，导致社会矛盾尖锐，劳动争议增加。

（2）收入差距扩大，群体间利益分化严重。在劳动关系领域，资方与劳方在收入分配上的不公引发了劳资双方收入差距不断扩大，双方经济社会地位差距悬殊等问题。

（3）效率与公平关系的偏差对恶化劳动关系起到推波助澜的作用。部分地区在经济利益导向的作用下，对劳动者利益诉求关注较少，从而使劳动者处于弱势地位，引发各类劳动争议案件发生。

（4）劳动力市场不健全，劳动者处于弱势地位。我国大多数企业属于劳动密集型产业，劳动力的可替代性很强，求职者并不具备多少讨价还价的条件。

（5）经济增长方式对劳动关系的影响。我国的经济增长依靠出口和投资拉动经济发展，导致我国部分职工处于低工资、差保障的弱势局面。

（6）三方原则作用没有真正发挥。现阶段劳动关系的自我协调机制尚不健全，劳动者权益和诉求不能有效地表达，企业方对劳动者利益的保护意识较为薄弱，从而导致劳动争议案件不断发生。

【解析】

（1）在回答简答题时，考生一定要反复多次阅读题目，提炼其中关键核心要素，不得有遗漏。如本题所问的是影响劳动争议的因素，关键词是"劳动争议"、"影响因素"，因此在回答本题的时候就需注意以这两个核心来组织答案，忽略掉与此无关的内容。

（2）回答问题的内容要完整。如果回答内容来源于法律条文，考生不必死记硬背法律条文做到一字不差，只需内容一致即可。当然，用自己的语言表述，并不代表可以将某些规定遗漏，因此需要完整呈现法律条文规定内容，尤其是一些关键核心要素。

（3）回答问题的语言要精练。简答题的评分是按要点给分，注意列出要点后还应当对要点进行适当的阐释。

（4）回答问题时注意书写的规范。整洁的答题页面有助于阅卷人迅速找到答题要点予以评分。

（四）综合分析题

综合分析题是理论知识的具体应用，难度较大。考生应全面阅读文字材料，了解案例背景。同时，针对一个案例背景，往往不只有一个问题，考生应逐一作答，避免遗漏。

示例：

【题目】2010年5月，广州本田汽车零部件公司数百名工人因不满工资低、福利差、中外籍员工同工不同酬而集体停工，要求厂方合理加薪、规范管理制度，整改工会。

据媒体报道，一位本田零部件公司员工晒出了工资单，到手的工资仅为1211元。另一位本田零部件公司员工这么描述工资增长速度："我在本田干了2年半了，第一年工资涨了28元（理由是公司刚起步很多项目还没投产）；第二年涨了29元（理由是公司部分项目尚未完全投产）；到了第三年在项目全部投产后也仅加了40多元。"还有一位员工告诉记者，公司一个20多岁的外籍员工曾自称每月工资有5万元人民币，这还不包括令人艳羡的补贴和福利。

问题（1）请结合本案例分析用人单位完善劳动标准中的薪酬标准应注意的问题。

问题（2）请结合本案例拟定用人单位处理集体停工这一突发事件的一般流程。

【答案】

（1）用人单位应进行完善薪酬标准的必要性和可行性评估，判断现有薪酬标准是否符合法律，是否维护了公平的目标，是否提高了组织的效率。本案中，广州本田汽车零部件公司应评估当前的薪酬标准，评价其完善的必要性和可行性。

对薪酬调整方案的内容完善必须遵循按劳取酬原则、同工同酬原则、平衡原则和合法保障原则。本案中，广州本田汽车零部件公司在完善薪酬标准时，应坚持上述原则。

完善薪酬标准，必须考虑外部因素和内部因素。外部因素包括劳动力市场因素、相关的法律法规政策。内部影响因素包括用人单位经营状况，企业文化和战略。本案中，广州本田汽车零部件公司应充分考虑企业面临的外部因素和内部因素。

完善薪酬标准要充分保障员工接受度，要将调整后的方案征求员工意见。本案中，广州本田汽车零部件公司应广泛征求员工意见，以确保员工对新的薪酬标准广泛接受。

（2）突发事件处理的准备。一旦突发事件预警不能发挥作用，那么就应该做好准备，实施突发事件处理。可以定期或不定期举行防范各类劳动安全卫生事故的演习，使企业各个职能部门和员工能够在突发事件出现的时候，不致慌乱失措。

突发事件确认。突发事件确认包括正确将突发事件归类和收集与突发事件相关的信息，以确认突发事件的程度。企业突发事件管理有效与否，除了取决于突发事件管理体系外，在很大程度上还取决于它所包含的各个子系统能否在突发事件发生时有效运作。

突发事件控制。突发事件控制需要根据不同情况确定工作的优先次序，由集权化的突发事件管理机构做出决定，迅速反应。

突发事件解决。在突发事件解决过程中，最关键的是速度。如果能及时、有效地化解突发事件，可以避免突发事件给企业造成的损失。

【解析】

（1）在回答综合分析题时，考生一定要认真阅读材料，摸清案例细节，避免有遗漏。案情陈述和问题中涉及关键要素一定要予以关注。例如本案中停工事件的过程、问题中提到的"薪酬标准"、"处理突发事件流程"都是一些关键内容。

（2）综合分析题的提问通常不止一个，考生需要反复阅读问题，分别予以回答。不同问题的标有不同序号，考生的答案也应标有序号，并严格和问题保持一一对应的关系。

（3）综合分析题的提问往往采用"判断＋理由陈述"模式。考生在判断之后，一定不能忘记进行相应的理由阐述，这两项内容是分别进行评分的。

（4）回答问题时应注意书写的规范。整洁的答题页面有助于阅卷人迅速找到答题要点予以评分。

（五）综合评审

综合评审可采用案例分析、论文提交、论文答辩、业绩考核、项目评审、方案设计等多种形式进行。

示例：

【题目】长虹化工有限责任公司是一家国有企业，由于公司规模不大，自动化程度不高，不具备市场竞争力，导致公司生产经营发生严重困难。2012 年，长虹化工公司累计亏损 7000 万元，根据公司内部实际状况，结合外部环境影响，公司董事会研究决定，关闭亏损最为严重的第五车间，并在国家相关法律允许范围内进行经济性裁员。裁员的名单中，有一名叫谢天的职工，男，32 岁。谢天认为，自己和长虹化工公司签订的是无固定期限劳动合同，不应该属于经济性裁员的对象，公司应取消对其裁员的决定，恢复劳动关系，并将自己的工作岗位调整到其他车间。在其要求遭到公司拒绝后，谢天向长虹化工公司申请劳动争议调解。

请针对谢天与长虹化工公司的劳动争议，依照《企业劳动争议协商调解规定》，设计对此劳动争议进行调解的流程。

【答案】

略。

【解析】

（1）综合评审的项目通常比较灵活，不存在唯一的标准答案。考生应紧扣主要问题提出对策建议，对策建议应当具有针对性、具体性、可行性，具有一定的创见性，语言流畅。

（2）综合评审的考核通常会在同一具体情境下提出多个评审项目，考生应根据项目的具体要求和难易程度合理分配答题时间。

（3）综合评审的命题一般聚焦于劳动关系协调工作中的典型工作任务以及一些重大疑难问题的解决，考生应注意构建完备的理论知识体系，并注重日常工作经验的积累，关注劳动关系领域的热点问题。

（4）回答问题时应注意书写的规范。整洁的答题页面有助于阅卷人迅速找到答题要点予以评分。

第二篇
鉴定点

高级劳动关系协调师理论知识鉴定要素细目表

鉴定要素细目表说明

鉴定要素细目表是对劳动关系协调员等级考试所涉及的知识的梳理，细目表中所列的鉴定点，即鉴定考核的要点，是国家职业技能鉴定考试的基本范围，它反映了当前本职业对从业人员知识和能力要求的主要内容。

鉴定要素细目表中，每个鉴定点都有其重要程度指标，其中 X 代表核心要素，属于学员应该掌握的重要鉴定点；Y 代表一般要素，属于学员应该熟悉和理解的比较重要的鉴定点；Z 代表辅助要素，属于学员应当了解的最低层次的鉴定点。

一级		二级		三级		
名称代码	鉴定比重	名称代码	鉴定比重	代码	鉴定点	重要程度
劳动标准实施管理 A	10	劳动标准的实施 A	5	001	影响用人单位劳动标准实施的主要因素	X
				002	我国基本劳动标准的地方差异	Z
				003	国际劳工标准，核心劳工标准及中国批准的国际劳工标准	Z
				004	全球化对用人单位劳动标准实施的挑战	X
				005	企业社会责任运动与用人单位劳动标准实施	X
		用人单位劳动标准的完善 B	5	001	用人单位需要修改或调整劳动标准的情形	X
				002	用人单位劳动标准适当性的主要判断依据和分析方法	X
				003	影响工资标准调整的主要因素	X
				004	单位发展战略或发展规划的制定	Z
				005	用人单位劳动标准与单位发展战略规划之间的关系	Y

续表

一级		二级		三级			
名称 代码	鉴定 比重	名称 代码	鉴定 比重	代码	鉴定点		重要 程度
劳动合同管理 B	20	劳动合同订立 A	5	001	劳动合同的概念		X
				002	劳动合同订立与劳动关系建立		X
				003	无效劳动合同		X
				004	员工背景调查		Y
				005	劳动合同文本的选择与起草		X
				006	关键岗位的界定方法		Z
				007	用工的风险点与控制方法		X
		劳动合同 履行与变更 B	7	001	劳动合同履行的概念和法律规定		X
				002	劳动合同履行的相关理论		Y
				003	劳动合同履行过程中的风险分析		X
				004	劳动合同变更的概念		X
				005	劳动合同变更趋向分析		X
		劳动合同 解除与终止 C	8	001	劳动合同解除的概念和类型		X
				002	经济性裁员		X
				003	劳动合同解除的相关理论分析方法和评估方法		X
				004	劳动合同终止的概念		X
				005	劳动合同终止与解除的概念辨析		X
				006	劳动合同终止的法律规定		X
集体协商与 集体合同 C	20	集体协商概述 A	4	001	集体协商机制概述		X
				002	国外集体协商制度		Z
				003	劳动关系三方机制		X
		集体协商策略 B	4	001	集体协商双方策略制定		X
				002	集体协商谈判思路与沟通策略		X
				003	劳动关系危机管理的原理		X
		区域性、行业性 集体合同 C	6	001	区域性、行业性集体合同基本内容		X
				002	区域性、行业性集体合同基本程序		X
				003	区域性、行业性集体合同与用人单位集体合同的联系		X
				004	区域性、行业性集体合同履行原则		Y
				005	区域性、行业性集体合同的效力和争议处理		X
				006	区域性、行业性集体合同履行情况的监督检查		X
				007	区域性、行业性集体合同推进工作面临的主要问题		Y
				008	区域性、行业性集体合同推行工作取得的成效		Y
		区域性、行业性 工资集体协商 D	6	001	区域性、行业性集体协商的概念		X
				002	行业性工资集体协商		X
				003	区域性工资集体协商		X
				004	区域性、行业性工资集体协商的主要程序		X
				005	区域性、行业性集体协商与用人单位集体协商区别		X

续表

一级		二级		三级		
名称代码	鉴定比重	名称代码	鉴定比重	代码	鉴定点	重要程度
劳动规章制度建设 D	10	劳动规章制度的制定 A	5	001	劳动规章制度的内涵	X
				002	劳动规章制度体系	X
				003	劳动规章制度与劳动合同、集体合同的关系	X
				004	劳动规章制度的重要性	X
				005	劳动规章制度的内容	X
				006	劳动规章制度制定的常见问题	Y
				007	劳动规章制度制定的注意事项	Y
		劳动规章制度实施与评估 B	5	001	劳动规章制度的实施主体及原则	X
				002	劳动规章制度评估的含义	X
				003	劳动规章制度的评估对象	X
				004	劳动规章制度评估要素	X
				005	劳动规章制度评估方法	X
劳资沟通与民主管理 E	15	信息沟通管理 A	5	001	公开信息的分类	X
				002	公开信息指标评估原则	Y
				003	厂务公开制度的概述	X
				004	厂务公开的内容	X
		劳资协商 B	5	001	劳动关系概述	X
				002	企业社会责任的概念和内涵	X
				003	劳资协商决定事项落实情况评估的内容、标准	X
		职工代表大会的组织召开和职工董事监事制度建设 C	5	001	职工代表大会组织制度	X
				002	职工代表大会决议的检查督促工作内容	X
				003	职工董事、监事制度的基本概念	X
				004	职工董事、职工监事的权利与义务	X
				005	职工董事、职工监事的工作程序	X
				006	职工董事、职工监事制度的工作机制	X
				007	职工董事、职工监事制度的创新	Y
				008	国外员工民主参与的一般形式	Z
员工申诉与劳动争议处理 F	25	突发事件处理 A	10	001	危机管理的理论	X
				002	突发事件的概念和特征	X
				003	突发事件的表现形式	Y
				004	群体性突发事件的特点	X
				005	劳动关系冲突的概念及其预防	X
		劳动争议预防和劳动关系协调体系制定 B	15	001	劳动争议产生的原因和影响因素	X
				002	我国劳动争议现状分析	Y
				003	劳动关系协调体系的建立	X
合计	100	合计	100			

高级劳动关系协调师专业技能鉴定要素细目表

一级		二级		
名称 代码	鉴定 比重	代码	鉴定点	重要程度
劳动标准实施管理 A	15	001	用人单位劳动标准实施中存在问题的汇总方法	X
		002	制定用人单位劳动标准的程序	X
		003	企业社会责任报告	Y
		004	编制企业社会责任报告	X
		005	企业社会责任报告通用模板	Y
		006	当前我国企业社会责任问题及应对策略	Z
		007	调整或修改用人单位劳动标准应注意的问题	X
		008	适应用人单位发展战略，制定或调整薪酬和福利标准应注意的问题	X
劳动合同管理 B	15	001	劳动合同形式的最优选择策略	X
		002	劳动合同订立的疑难问题处理	X
		003	劳动合同履行风险的控制方法	X
		004	劳动合同变更风险的控制方法	X
		005	劳动合同解除的疑难问题解答	X
		006	用工调整方案的撰写以及经济性裁员方案的实施	X
		007	劳动合同终止的风险控制	X
		008	劳动合同争议的防范与处理对策	X
集体协商与 集体合同 C	15	001	用人单位集体协商机制建立	X
		002	劳资冲突管理	X
		003	行业性集体协商	X
		004	集体协商议题拟定与整理加工方法	X

续表

一级			二级		
名称 代码	鉴定 比重	代码	鉴定点		重要程度
劳动规章 制度建设 D	15	001	招聘制度制定中遇到的常见问题		Y
		002	薪酬福利制度制定中遇到的常见问题		Y
		003	绩效考核制度制定中遇到的常见问题		Y
		004	培训制度制定中遇到的常见问题		Y
		005	考勤制度制定中遇到的常见问题		Y
		006	休假制度制定中遇到的常见问题		Y
		007	劳动规章制度评估的步骤		X
劳资沟通与 民主管理 E	20	001	撰写厂务公开分析报告注意事项		X
		002	协商决定事项落实情况评估的实施方式		X
		003	职工代表大会决议的主要落实途径		X
		004	职工董事、职工监事制度实施的要点		X
		005	员工民主参与的度量		Y
员工申诉与 劳动争议处理 F	20	001	突发事件处理的概述		X
		002	重大突发性事件的预防		X
		003	重大劳动安全卫生事故处理		X
		004	用人单位劳动关系预警机制		X
		005	员工申诉处理的国际比较		Z
合 计	100				

第三篇
专业知识纲要

第一章

劳动标准实施管理

1. 掌握影响用人单位劳动标准实施的主要因素。
2. 了解我国基本劳动标准的地方差异。
3. 理解全球化的概念和影响。
4. 掌握企业社会责任的概念和影响。
5. 掌握用人单位必须修改或调整劳动标准的情形。
6. 掌握单位发展战略或发展规划的制定与实施方法。
7. 理解用人单位劳动标准与单位发展战略规划之间的关系。

第一节　劳动标准的实施

第一单元　影响劳动标准实施的因素分析

「理论知识」

一、影响用人单位劳动标准实施的主要因素

（一）劳动标准的概念

劳动标准是指对劳动领域内的重复性事物、概念和行为进行规范，以定性形式或者以定量形式所作出的统一规定。它以涉及劳动领域的自然科学、社会科学和实践经验的综合成果为基础，经有关方面协商一致并决定，或由有关方面批准，以多种形式发布，作为共同遵守的准则和依据。

用人单位劳动标准是指劳动关系双方共同遵守的劳动方面的办事规程或行为规则。用人单位劳动标准是国家级、行业级、地方级劳动标准的延伸和细化，是劳动力市场主体——用人单位和劳动者双方或用人单位单方以国家、行业、地方级劳动标准为基础，针对本单位实际情况而制定的劳动标准。用人单位劳动标准仅适用于用人单位范围内的全体劳动者。

（二）用人单位制定劳动标准的方式

1. 集体合同

通过集体合同形成的劳动标准是用人单位内部自发形成劳动标准的一种方式，主要在工会或者职

工代表在与用人单位进行协商谈判的基础上，签订集体合同，确定用人单位内部劳动标准，使得本用人单位内的劳动者的各方面权益得到更好的保护。用人单位集体合同的约束范围包括本用人单位的所有劳动者，以及未来加入本用人单位的劳动者。集体合同中的劳动标准主要包括工资标准、工时标准（包括休息休假标准）、劳动安全卫生标准、社会保险标准等。关于集体合同的具体要求见本教材相关章节。

2. 劳动规章制度

用人单位内部规章制度是用人单位形成劳动标准的主要形式。用人单位规章制度中形成的劳动标准是在国家标准、行业标准和地方标准的基础上针对各项劳动条件制定的适合本用人单位发展的劳动标准，由用人单位自主建立，并经过职工代表大会或者全体职工讨论，与工会和职工代表平等协商确认。

3. 劳动合同

劳动合同中的劳动标准主要包括工资标准、工时标准（包括休息休假标准）、劳动安全卫生标准、社会保险标准等。劳动合同中的有关劳动标准由劳动者与用人单位双方协商制定。

（三）影响用人单位劳动标准实施的主要因素

1. 劳动监察的力度

劳动监察，是指劳动行政部门依法对用人单位遵守劳动法律、法规的情况进行监督检查，并对违反劳动法律、法规的行为进行制止、责令改正和给予处罚的具体行政行为。

2. 劳动标准的制定

（1）劳动标准的制定过程

为了使用人单位的劳动标准得到很好的实施，用人单位劳动标准的制定程序就必须具备合理性。劳动标准制定程序的合理性可以从两方面来衡量：一是要注意劳动标准的制定方式，要在充分汲取员工意见的基础上制定劳动标准，采用"由下至上"的方式而不是"由上至下"的制定方式；二是制定劳动标准的过程中要注意得到基层员工的支持，以增强劳动标准的员工基础，从而更容易得到落实。

（2）劳动标准的可操作性

影响用人单位劳动标准实施的另一个影响因素是劳动标准的可操作性。首先，用人单位要根据自身的经营状况和生产特点制定符合自身的劳动标准，如果劳动标准言而无物，大而不当，对管理没有实际的指导作用，就难以得到实施；其次，用人单位制定的劳动标准中体现的信息要能够准确无误地传递到基层员工并为其所理解。

3. 用人单位的经营情况

一般来说，如果用人单位的经营状况良好，盈利性较强，那么该用人单位劳动标准的实施情况就会较好，而对于那些经营状况较差、连自身盈利都不能实现的用人单位而言，他们只有通过削减成本获得更多利润，从而很难有效地施行劳动标准。

4. 劳动力供求关系

如果劳动力市场是处于供大于求的状态，那么用人单位就处于优势地位，用人单位劳动标准的实施状况往往不好，因为他们不需要靠高劳动标准来吸引和留住员工。而如果劳动力市场是处于供小于求的状态，那么劳动者就处于优势地位，劳动者就可以选择"用脚投票"，此时用人单位劳动标准的实施状况一般较好，因为他们需要靠此来吸引和留住劳动者。

二、我国基本劳动标准的地方差异

（一）最低工资标准的地区差异

2004年3月1日施行的《最低工资规定》第3条规定："本规定所称最低工资标准，是指劳动者在法定工作时间或依法签订的劳动合同约定的工作时间内提供了正常劳动的前提下，用人单位依法应支付的最低劳动报酬。本规定所称正常劳动，是指劳动者按依法签订的劳动合同约定，在法定工作时间或劳动合同约定的工作时间内从事的劳动。劳动者依法享受带薪年休假、探亲假、婚丧假、生育（产）假、节育手术假等国家规定的假期间，以及法定工作时间内依法参加社会活动期间，视为提供了正常劳动。"

《最低工资规定》第7条还规定："省、自治区、直辖市范围内的不同行政区域可以有不同的最低工资标准。"因此在我国，各地区由于经济发展的差异，最低工资标准也有所不同。如2012年4月，月最低工资标准最高的是深圳1500元，第二是上海1450元，天津和浙江同为1310元并列第三；黑龙江、重庆、江西、海南四省市列倒数后四位，均低于900元。而小时最低工资标准最高的是北京14元，第二、第三名分别是深圳和天津，后三位分别是吉林、黑龙江和海南，均低于8元。

各地区除了最低工资的数目有所差异外，最低工资标准的具体项目也有所不同。以最低工资标准扣除项目为例，全国存在四种情况，一种是最低工资标准中是包括个人应承担的社会保险费缴纳和住房公积金，全国大部分地区是这样规定的；另一种是不包括个人应承担的社会保险费和住房公积金，例如上海和北京；第三种情况是包括个人应承担的社会保险费，但不包括个人缴纳的住房公积金部分，例如江苏；第四种则是双重标准，即一方面规定了包括个人承担的社会保险费和住房公积金在内的最低工资标准，同时又规定了扣除个人承担的社会保险费和住房公积金后不得低于的标准，例如新疆。以上的差异性，企业应特别予以注意。

（二）假期及加班工资支付的地方差异

根据《劳动法》第44条的规定，支付加班费的具体标准是：在标准工作日内安排劳动者延长工作时间的，支付不低于工资的150%的工资报酬；休息日安排劳动者工作又不能安排补休的，支付不低于工资的200%的工资报酬；法定休假日安排劳动者工作的，支付不低于300%的工资报酬。但是对加班工资的计算基数，我国目前还没有统一的规定，各地的规定也不尽相同。上海、北京、广东、厦门等地都规定加班工资计算基数为用人单位和劳动者在劳动合同中约定的劳动者本人所在岗位相对应的工资。深圳采用了标准工资的概念，将支付周期超过1个月的劳动报酬，如季度奖、半年奖、年终奖、年底双薪以及按照季度、半年、年结算的业务提成等和无确定支付周期的劳动报酬，如一次性的奖金、津贴、补贴等全部剔除在外。从通常意义上来理解，劳动者的实际工资一般都会高于其约定的岗位工资。河北省则规定，在未明确劳动者工资标准的情况下，以劳动者本人当月实发工资总额作为支付加班或者延长工作时间工资的计算标准。上海还有一项特殊的规定，即如果用人单位与劳动者没有任何约定的，则假期工资（婚假、丧假、探亲假、事假、加班加点）的计算基数统一按劳动者本人所在岗位（职位）正常出勤的月工资的70%确定。

（三）休息休假的地区差异

目前我国劳动者享有的假期主要有法定节假日、带薪年休假、病假、探亲假、婚假、丧假、女职工产假、节育手术假、产前假、哺乳假、丈夫的护理假。其中除了法定节假日国家有明确规定外，其他的休息休假都给了地方制定休息休假标准的权利，因此各地标准不一。例如婚假，主要依据是《中华人民共和国计划生育法》和《国家劳动总局、财政部关于国营企业职工请婚丧假和路程假问题的通知》中的有关规定，：按法定结婚年龄（女 20 周岁，男 22 周岁）结婚的，可享受 3 天婚假；符合晚婚年龄（女 23 周岁，男 25 周岁）的，婚假可适当延长等。晚婚假的时间是依靠地方计划生育立法中规定予以补充，各地对于晚婚假的长短不一，最少是北京、上海和天津，加上婚假 3 天一共是 10 天，最多的是甘肃和山西，一共达到 30 天。

三、国际劳工标准、核心劳工标准及中国批准的国际劳工标准

（一）国际劳工标准

国际劳工标准，是指由国际劳工大会通过的国际劳工公约书和建议书，以及其他达成国际协议的具有完备系统的关于处理劳动关系和与之相关联的一些关系的原则、规则。

1. 国际劳工标准的主要形式

国际劳工标准的主要形式有两种：一种是国际劳工公约，另一种是建议书。国际劳工公约和建议书虽然都属于国际劳动立法文件，但其法律效力是不同的。国际劳工公约经国际劳工大会通过后，提交成员国批准；公约一经批准，成员国必须遵守和执行。而建议书则是提供成员国制定法律和采取其他措施时的参考，不需要成员国批准，因而没有必须遵守和执行的义务。

自 1919 年至 2011 年，国际劳工组织已经通过了 189 个公约和 201 个建议书，形成了一个完整的国际劳动法体系，其发展的趋势与各国的劳动立法大致相同。

2. 国际劳工标准的核心和宗旨

国际劳工标准的核心和宗旨是确立和保障世界范围内的工人权利。国际劳工立法的目标，在《国际劳工组织章程》中，确定为"只有以社会正义为基础，才能建立世界持久和平"。在《费城宣言》中进一步确立为"全人类不分种族、信仰和性别都有权在自由和尊严、经济保障和机会均等的条件下谋求物质福利和精神发展。"因此，国际劳工组织需要通过制定和实施国际劳工标准的方式，来确立和保障世界范围内的工人权利，改善各国工人的劳动条件，以达到维护社会正义和世界和平的目标。

3. 国际劳工标准的内容和分类

国际劳工标准的内容涉及劳动和社会保障领域方方面面的问题。2010 年，国际劳工组织对其制定的国际劳工公约和建议书分为 23 大类，即：结社自由、集体谈判和产业关系；废除强迫劳动；禁止童工劳动和保护未成年人；机会和待遇平等；三方协商；劳动行政管理和劳动监察；就业政策和就业促进；职业指导和培训；就业保障；工资；工作时间；职业安全卫生；社会保障；生育保护；社会政策；移民工人；艾滋病毒/艾滋病；海员；渔船船员；码头工人；土著工人与部落人口；特殊行业劳动者以及最后条款。

（二）核心劳工标准

核心劳工标准是国际劳工组织整体劳工标准体系中最重要的部分，也是成员国、雇主和工人三方智慧的结晶。国际劳工组织提出，作为国际劳工组织成员国，有义务根据《国际劳工组织章程》的要求，"尊重、促进和实现关于这些公约之主要的基本权利的各项原则"，从而使得这些公约对所有会员国都具有道义上的法律约束力。核心劳工标准的八个公约主要内容为：

1. 结社与自由谈判权

结社自由是工人的首要权利，又称团结权或组织权。一般是指劳动者为实现维持和改善劳动条件之基本目的而结成暂时的或永久的团体，并使其运作的权利。国际劳工中的结社自由和有效承认集体谈判的权利主要体现在《1948 年结社自由和保护组织权利公约》（第 87 号）和《1949 年组织权利和集体谈判

权利公约》（第98号）中。

2. 禁止强迫劳动

1930年，国际劳工大会通过了《强迫或强制劳工公约》（第29号）。1957年，国际劳工大会上通过《废除强迫劳动公约》（第105号），这是国际劳工标准在禁止强迫劳动方面两个重要的公约。

3. 关于平等权

在现实社会中，广泛存在着人们在就业机会上的不均等，就业条件上的不公平。为了消除现实社会里就业机会的不均等，消除就业歧视，国际劳工组织在的一系列旨在保护特定类别的工人（如女工、移民工人、农村工人、非本土领土上的工人等）的公约基础上，于1951年制定了《对男女工人同等价值的工作付予同等报酬公约》（第100号）和1958年的《（就业和职业）歧视公约》（第111号）。

4. 废除童工

各国劳工立法最先重视的问题之一就是对童工和未成年工人给予必要的特殊保护。国际劳工组织《1973年最低就业年龄公约》（第138号）和《1999年禁止和立即行动消除最恶劣形式的童工公约》（第182号）是这方面主要的两个公约。

（三）中国批准的国际劳工标准

我国共批准了23个国际劳工公约。新中国成立前的1936—1947年，国民党政府先后批准了14个国际劳工公约：

1. 1936年12月2日批准的1920年第2届国际劳工大会通过的《确定准许儿童在海上工作的最低年龄公约》（第7号）。

2. 1934年4月27日批准的1921年第3届国际劳工大会通过的《农业工人的集会结社权公约》（第11号）。

3. 1934年5月17日批准的1921年第3届国际劳工大会通过的《工业企业中实行每周休息公约》（第14号）。

4. 1936年12月2日批准的1921年第3届国际劳工大会通过的《确定准许使用未成年人为扒炭工或司炉工的最低年龄公约》（第15号）。

5. 1936年12月2日批准的1921年第3届国际劳工大会通过的《在海上工作的儿童及未成年人的强制体格检查公约》（第16号）。

6. 1934年4月27日批准的1925年第7届国际劳工大会通过的《本国工人与外国工人关于事故赔偿的同等待遇公约》（第19号）。

7. 1936年12月2日批准的1926年第9届劳工大会通过的《海员协议条款公约》（第22号）。

8. 1936年12月2日批准的1926年第9届国际劳工大会通过的《海员遣返公约》（第23号）。

9. 1930年5月5日批准的1928年第11届国际劳工大会通过的《制定最低工资确定办法公约》（第26号）。

10. 1931年6月24日批准的1929年第12届国际劳工大会通过的《航运的重大包裹标明重量公约》（第27号）。

11. 1935年11月30日批准的1932年第16届国际劳工大会通过的《船舶装卸工人伤害防护公约》（第32号）。

12. 1936年12月2日批准的1935年第19届国际劳工大会通过的《各种矿场井下劳动使用妇女公约》（第45号）。

13. 1940年2月21日批准的1937年第23届国际劳工大会通过的《确定准许使用儿童于工业工作的最

低年龄公约》（第 59 号）。

14. 1947 年 8 月 4 日批准的 1946 年第 29 届国际劳工大会通过的《条款修正公约》（第 80 号）。

1949 年以后，我国在认真把握国情的基础上，陆续批准了 8 个国际劳工公约：

1. 1990 年 12 月 2 日批准的 1951 年第 34 届国际劳工大会通过的《对男女工人同等价值的工作付予同等报酬公约》（第 100 号）。

2. 1997 年 5 月 9 日批准的 1964 年第 48 届国际劳工大会通过的《就业政策公约》（第 122 号）。

3. 1998 年 12 月 9 日批准的 1973 年《准予就业的最低年龄公约》（第 138 号）。

4. 1990 年 12 月 2 日批准的 1976 年第 61 届国际劳工大会通过的《三方协商促进履行国际劳工标准公约》（第 144 号）。

5. 2001 年 10 月 27 日批准 1978 年 6 月 26 日经第 64 届国际劳工大会通过、并于 1980 年 10 月 11 生效的《劳动行政管理公约》（第 150 号）。

6. 1987 年 2 月 2 日批准的 1983 年第 69 届国际劳工大会通过的《残疾人职业康复和就业公约》（第 159 号）。

7. 2001 年 10 月 27 日批准于 1988 年第 75 届国际劳工大会通过的《建筑业安全卫生公约》（第 167 号）。

8. 1995 年 1 月 11 日批准的 1990 年第 77 届国际劳工大会通过的《作业场所安全使用化学品公约》（第 170 号）。

［技能要求］

一、用人单位劳动标准实施中存在问题的汇总方法

（一）资料的鉴别

鉴别资料就是对搜集来的原始资料进行质量上的评价和核实，对材料进行一番筛选、取舍，寻找出课题所需要的材料。

1. 鉴别资料的真伪

要想鉴别真伪，就要鉴别资料的客观实在性和本质真实性，我们要从事物的总体本质及其联系上挖掘事物本质的真实性，还要结合各方面的材料综合思考，分清真伪，进行比较分析，不要被局部或暂时现象迷惑。

2. 鉴别程度

同是真实材料，必定有深浅程度的区别。常用的鉴别方法是比较法和专注法。比较法是通过对同一资料进行对比，以确定正误和优劣。专注法就是注意专门的鉴别性文章，在学术界经常会产生不同的观点，甚至产生针锋相对的论点的争论，这是很正常的现象。争论中往往会发现原理论的不足之处，甚至错误之处，争论中理论也会得到发展。

（二）问题的整理

1. 根据资料的性质、内容或特征进行分类

将相同或相近的资料合为一类，将相异的资料区别开来。

2. 进行资料汇编

汇编有三项工作要做。一是审核资料是否真实、准确和全面，不真实的予以淘汰，不准确的予以核

实准确，不全面的补全找齐。二是根据调研目的要求和调研对象客观情况，确定合理的逻辑结构，对资料进行初次加工。三是汇编好的资料要井井有条、层次分明，能系统完整地反映研究对象的全貌。还要用简短明了的文字说明研究对象的客观情况，并注明资料来源和出处。

3. 进行资料分析

即运用科学的分析方法对所占有的资料进行分析，研究特定问题的现象、过程及内外各种联系，找出规律性的东西，构成分析框架。

二、制定用人单位劳动标准的程序

（一）方案的起草步骤

1. 组织起草班子

起草方案，首先是在起草班子内形成对有关问题的一致意见。

2. 汇报

汇报是前期调研成果的总结，一般包括起草班子对问题现状的认识、现有标准的要点、有关各方对标准的要求以及拟制定标准的要点，有时还包括对各种不同情况的预测。

3. 正式起草

先是选定执笔人。如果起草工作量很大，则确定标准各部分执笔人和总的统稿人。重要的方案文本起草基本完成后，还要由不同的人员过目，在文字、内容、法律等各方面"把关"。

4. 征求意见

方案初稿完成后，以不同形式送有关各方征求意见。对重大问题的决策，应该在调查研究的基础上提出方案，有的问题应提出两个以上可供比较的方案。除了有关部门外，一般还应征求劳动者或工会的意见，有的还要组织专家学者进行分析论证、作出评估。

如此往返几次，直至各部门没有意见，或者没有新的意见为止。

5. 公布实施

审查并签发方案，公布实施。

（二）方案的可行性分析

1. 可行性研究的一般要求

方案的可行性研究，必须在国家有关的政策、法规的指导下完成。

为了保证可行性研究工作的科学性、客观性和公正性，有效地防止错误和遗漏，可行性研究的内容深度必须达到规定的标准，基本内容要完整；应尽可能多地占有数据资料，避免粗制滥造；应该先论证，后决策。此外，应该将调查研究贯彻始终。一定要掌握切实可靠的资料，以保证资料选取的全面性、重要性、客观性和连续性。

2. 可行性研究的主要内容

方案可行性研究的内容及侧重点因行业特点而差异很大，但一般应包括以下内容：（1）技术可行性。主要从方案实施的技术角度，分析方案的可行性，避免方案流于形式。（2）财务可行性。主要从投入产出的角度，从企业理财的角度进行资本预算，评价方案的财务效果，进行决策。（3）社会可行性。主要分析方案的社会影响，避免违反政策、法律、道德等。（4）风险因素及对策。主要对方案的技术风险、财务风险、法律风险及社会风险等风险因素进行评价，制定规避风险的对策，为方案全过程的风险管理提供依据。

第二单元　全球化与劳动标准的实施

【理论知识】

一、全球化对用人单位劳动标准实施的挑战

（一）全球化的概念

经济全球化出现于 20 世纪 80 年代中期，90 年代得到认可。国际货币基金组织（IMF）在 1997 年 5 月发表的一份报告中指出，"经济全球化是指跨国商品与服务贸易及资本流动规模和形式的增加，以及技术的广泛迅速传播使世界各国经济的相互依赖性增强"。而经济合作与发展组织（OECD）认为，"经济全球化可以被看作一种过程，在这个过程中，经济、市场、技术与通信形式都越来越具有全球特征，民族性和地方性在减少"。为此，可从三方面理解经济全球化：一是世界各国经济联系的加强和相互依赖程度日益提高；二是各国国内经济规则不断趋于一致；三是国际经济协调机制强化，即各种多边或区域组织对世界经济的协调和约束作用越来越强。总的来讲，经济全球化是指以市场经济为基础，以先进科技和生产力为手段，以发达国家为主导，以最大利润和经济效益为目标，通过分工、贸易、投资、跨国公司和要素流动等，实现各国市场分工与协作相互融合的过程。

全球化主要是指一系列的趋势，很多是在二战后变得尤为突出。它们包括：全球范围内的通用标准的数目的增长，例如版权法；国际贸易以比世界经济增长速度更快的速度增长；由跨国公司控制的世界经济的股份的增长；全球金融体系的发展；更多的国际间的文化影响，例如通过好莱坞电影的出口；文化多样性的减少；国际旅游业的发展；通过诸如互联网和电话等的技术使得共享的信息资源不断增长；移民的增长，包括非法移民。

（二）全球化对用人单位劳动标准的影响

1. 降低劳动标准

随着经济全球化的推进，资本在全球范围内自由流动，使世界产业格局正在经历一个新的调整过程。而中国本土的用人单位，面临着世界所有同类企业空前激烈的竞争，如果没有跨国企业的实力，只能依靠降低劳动力成本，即降低劳动标准，从而在世界竞争中获得一席之地。

2. 提高劳动标准

如今，国际劳工标准、企业社会责任、全球契约等一系列国际性的劳动标准已经逐渐得到承认和施行，这就要求用人单位不得不提高劳动标准。用人单位为了自身的发展经营希望降低劳动标准，但是又迫于全球化的劳动标准而不得不提高劳动标准，这对用人单位劳动标准的实施是一个巨大的挑战。

二、企业社会责任运动与用人单位劳动标准实施

（一）企业社会责任运动的概述

企业社会责任是在一定时期社会赋予企业的经济、法律、伦理以及人道主义的期望，包括遵纪守法、保护环境、保护消费者权益、保护劳工的基本权利和人权、支持慈善事业、捐助社会公益、保护弱势群

体，等等。它使企业在追求自身利益的同时，关注消费者、股东、员工、政府和社区等利益相关者的需要。

1999 年 2 月在瑞士达沃斯召开世界经济论坛时，时任联合国秘书长安南提出了"全球契约"，要求企业界领导人在经营自己的企业时，维护人权以及正当的劳工和环境标准。全球契约包含九个原则，涉及人权、劳工标准和环境三个方面：1. 支持、尊重和保护国际上宣布的各项人权；2. 企业应当确保不成为侵犯人权的共谋；3. 企业应当支持结社自由并切实承认集体谈判的权利；4. 消除一切形式的强迫劳动和强制劳动；5. 切实废除童工；6. 消除就业和职业歧视；7. 支持对环境挑战采取预防办法；8. 积极推动对环境负起更大的责任；9. 鼓励发展和推广无害环境的技术。2000 年 7 月，《全球契约》论坛第一次高级别会议召开，参加会议的 50 多家著名跨国公司的代表承诺，在建立全球化市场的同时，要以《全球契约》为框架，改善工人工作环境、提高环保水平。

2002 年 7 月，《联合国全球契约》正式启动，它恳请企业对待其员工和供货商时都要尊重其规定的九条原则。2004 年 6 月，"全球契约"领导人会议在联合国总部召开，会议宣布将反腐败增列为"全球契约"的第十项原则。"全球契约"不具有强制性，它是一个自愿性计划。在四年多的时间里，《全球契约》行动计划已经有包括中国在内的 70 多个国家的代表、1500 多家著名大公司参与。

（二）企业社会责任运动与劳动标准

应该看到，企业社会责任运动与劳动标准、国际贸易之间存在着紧密联系。自 20 世纪 90 年代以来，随着发展中国家在国际贸易中地位的上升，发达国家在国际贸易额中的比重下降。随着关税壁垒在国际间的拆除，发达国家逐渐将技术标准、环境标准等非关税壁垒作为限制发展中国家产品出口的主要手段，劳动标准也逐渐成为发达国家与发展中国家之间围绕贸易问题斗争的一个焦点。发达国家认为，由于发展中国家存在很低的工资，很差的劳工生活和作业环境，有的国家甚至存在强迫劳动、使用童工、禁止组织工会等违反国际劳工组织核心公约的情况，使得这些国家的生产成本被扭曲了，这样就在国际贸易中形成了对发达国家的"劳动力倾销"。因此，发达国家在各种国际多边贸易谈判场合要求将包括劳动标准、环保标准在内的"社会条款"写入国际贸易和投资协议，并且要求对违反这些条款的国家和公司予以制裁。

【技能要求】

一、企业社会责任报告

（一）企业社会责任报告的概念和历史发展

所谓企业社会责任报告，又叫非财务报告，是企业就其履行社会责任的理念、内容、方式和绩效所进行的系统信息披露，是企业与利益相关方进行全面沟通交流的重要载体。

（二）报告原则

报告原则的作用是确保社会责任报告的质量，并为整个报告编制过程提供决策指引。

1. 报告内容原则

报告内容的确定直接影响报告质量。在编制社会责任报告的准备阶段和编制过程中要认真、审慎地确定报告内容。一般而言，报告内容的确定主要考虑以下三个方面的内容：

（1）该议题对经济、社会和环境的影响；

（2）利益相关者对该议题的关注度；

（3）时代背景。

界定报告内容主要有以下三个原则：

（1）关键性原则，是指报告所披露的议题对企业可持续发展以及利益相关方均有关键性影响。

（2）完整性原则，社会责任报告所涉及的内容应能完整地反映企业对经济、社会和环境的重大影响，利益相关方可以根据社会责任报告评估企业在报告期间的责任绩效。

（3）利益相关者参与原则，企业在明确其利益相关者的基础上，就社会责任报告的内容及议题与利益相关者沟通，并在社会责任报告中说明利益相关者的期望及企业对其合理期望的回应。

2. 报告质量原则

社会责任报告所披露信息的质量对报告的使用价值具有直接影响。对报告信息质量的保证主要有以下五个原则：

（1）平衡性原则，报告应中肯、客观地披露企业在报告期内发生的正面和负面信息，以确保利益相关方可以对企业的整体业绩进行正确的评价。

（2）可比性原则，报告对信息的披露应有利于利益相关方对企业在报告期内的责任表现进行分析和比较。

（3）时效性原则，指企业应及时、有规律地通过社会责任报告披露其履责信息。

（4）易读性原则，指报告的信息披露方式应易于读者理解和接受。

（5）可验证性原则，指报告中披露的信息，其收集、记录、整理、分析和披露应经得起审核验证，以确保披露信息的质量。

二、编制企业社会责任报告

（一）社会责任报告编制流程

社会责任报告的编制流程为：项目启动；组建团队；制订计划；资料收集；内容撰写；报告设计；意见征集；定稿发布。

（二）报告质量提升方法

报告质量提升方法包括：（1）借用外脑，提升报告专业水平；（2）"以终为始"，控制报告编制时间；（3）资料清单，确保资料收集质量；（4）深入访谈，提炼报告之魂；（5）数据挖掘，确保报告内容翔实；（6）反复修改，达到完美。

三、企业社会责任报告通用模板

中国社会科学院经济学部企业社会责任研究中心发布了《中国企业社会责任报告编写指南》，为中国的企业编制企业社会责任报告提供了基本框架。

（一）报告前言（P系列）

报告前言依次披露报告规范、高管致辞、企业简介（含公司治理概况）以及关键绩效表。

（二）责任管理（G系列）

有效的责任管理是企业实现可持续发展的基石。本部分主要描述企业在社会责任管理方面的理念、制度、措施以及取得的绩效和典型案例。

责任管理包括责任治理、责任推进、责任沟通、守法合规四个方面。

（三）市场绩效（M系列）

市场绩效描述企业在市场经济中负责任的行为，包括股东责任、客户责任、伙伴责任。

（四）社会绩效（S系列）

社会绩效主要描述企业对社会责任的承担和贡献，包括政府责任、员工责任、安全生产、社区参与四个方面。

（五）环境绩效（E系列）

环境绩效主要描述企业在节能减排、保护环境方面的责任贡献。

（六）报告后记（A系列）

包括展望、报告评价、读者意见反馈三部分。

四、当前我国企业社会责任问题及应对策略

（一）政府应对企业社会责任问题的对策

1. 尽快建立有关企业社会责任标准的法律法规制度。

2. 在注重惩戒的同时，更注重对企业社会责任行为的引导。

3. 政府要加强对企业实施社会责任国际标准的科学指导，坚持科学的发展观，正确指导企业处理经济与社会的和谐发展关系。

4. 加强对企业家的社会责任教育。

（二）社会应对企业社会责任问题的策略

从社会的角度看，我们要加大宣传舆论部门的宣传力度，重视社会思想道德建设，为企业履行社会责任提供良好的社会舆论环境。

（三）企业自身应对企业社会责任问题的策略

从企业自身来说，管理层应该积极地响应政府号召，积极接受企业社会责任教育，树立科学的社企关系和科学的发展观，从公司治理角度积极面对企业的社会责任问题。

辅导练习题

一、单项选择题

1. 晚婚年龄是男（　　）周岁，女（　　）周岁。

　　A. 23，21

　　B. 24，22

　　C. 25，23

　　D. 26，24

　　答案：C

2. 国际劳工标准中，（　　）一经批准，成员国必须遵守和执行。

　　A. 建议书

B. 国际劳工公约

C. 国际贸易协定

D. 推荐标准

答案：B

3. 以下（　　）没有正确描述国际劳工立法的目标。

A. 只有以社会正义为基础，才能建立世界持久和平

B. 全人类不分种族、信仰和性别都有权在自由和尊严、经济保障和机会均等的条件下谋求物质福利和精神发展

C. 确立和保障世界范围内的工人权利，改善各国工人的劳动条件

D. 消灭贫困，促进社会平等与公平

答案：D

4. 核心劳工标准一共有（　　）个公约。

A. 6

B. 7

C. 8

D. 9

答案：C

5. 经济全球化不是指（　　）。

A. 世界各国经济联系的加强和相互依赖程度日益提高

B. 各国国内经济规则不断趋于一致

C. 各国文化相互渗透同化

D. 国际经济协调机制强化，即各种多边或区域组织对世界经济的协调和约束作用越来越强

答案：C

二、多项选择题

1. 以下关于劳动标准制定过程说法错误的是（　　）。

A. 制定劳动标准时最好采用"由下至上"的方式而不是"由上至下"的制定方式

B. 制定劳动标准时要重视基层员工的支持，增强劳动标准的员工基础

C. 必须通过职工代表大会制定劳动标准

D. 用人单位可以单方制定符合自身情况的劳动标准

答案：CD

2. 以下属于国际劳工标准所涉及的内容有（　　）。

A. 就业保障

B. 工资

C. 社会保障

D. 消灭贫困

答案：ABC

3. 全球化的趋势有（　　）。

A. 国际贸易以比世界经济增长速度更快的速度增长

B. 文化多样性的增加

C. 由跨国公司控制的世界经济的股份的增长

D. 移民的减少

答案：AC

4. 保证企业社会责任报告质量的原则有（　　　）。

A. 可持续性原则

B. 普遍性原则

C. 时效性原则

D. 易读性原则

答案：CD

第二节　用人单位劳动标准的完善

第一单元　劳动标准调整的影响

【理论知识】

一、用人单位必须修改或调整劳动标准的情形

（一）法律法规修改

用人单位劳动标准的制定必须以遵守强制性劳动标准为前提。因此，法律法规修改导致立法型劳动标准和国家标准化机构批准的强制实行的劳动标准发生改变时，用人单位的劳动标准也要随之作出改变。

（二）不符合用人单位生产发展需要

由于劳动标准会显著影响到用人单位的成本，因此用人单位制定的劳动标准与用人单位的发展状况息息相关。当劳动标准不符合用人单位生产发展需要时，用人单位的劳动标准也需要发生改变。

二、用人单位劳动标准适当性的主要判断依据和分析方法

（一）合法

1. 劳动标准的内容合法

内容合法就是指用人单位的劳动标准其内容符合相关的法律法规，不能与法律法规相抵触，相抵触的部分是无效的。依法制定劳动标准，是保证其内容合法的基础。

2. 劳动标准的程序合法

制定劳动标准的过程中，凡属于法定必要程序，都必须严格履行。

（二）合情

用人单位劳动标准合法是最基本的要求，合情是指用人单位劳动标准要将员工视为单位的利益相关

者，遵循公平的原则，充分考虑劳动者的权益，实现劳动关系的健康和谐，化解劳动争议，避免劳动冲突。其主要判断依据是员工的反馈，可以通过问卷调查或者访谈的方法，来获得员工对劳动标准公平性的理解和看法。

（三）合理

用人单位劳动标准除了要合法、合情之外，还要合理，这主要是指用人单位能够通过科学的劳动标准，提高企业的经济运行效率，获取竞争优势，实现用人单位的可持续发展，实际上就是对效率目标的落实和追求。其主要判断依据就是用人单位的经济效益情况，可以使用指数法、功效系数法和打分排队法。

1. 打分排队法。打分排队法是国际货币基金组织用于评价各个国家竞争能力大小的一种方法。在评价企业经济效益时，主要用于多个企业经济效益综合评价的排序。其基本步骤是：①将指标体系中各个指标的实际值，按照优劣程度，分别排队。其中，正指标从大到小依次排列，逆指标从小到大依次排列；②计算每个企业每项指标的得分。指标排在第一名的企业得 100 分，指标排在最后一名的企业得 0 分；③计算每个企业每类指标的平均得分；④计算每个企业全部指标的总得分；⑤按照各企业总得分多少排队，确定各企业名次。

2. 综合指数法

综合指数法是将每项指标实际值与标准值比较，计算各项指标的个体指数，再加权平均计算综合指数。其基本步骤为：①计算各指标的个体指数；②计算综合经济效益指数。

3. 功效系数法

功效系数法是利用特定的方法，将每一个指标的实际值转化为百分制表示的分数，再汇总计算进行企业经济效益综合评价的方法。其具体步骤是：①根据经验和评价目的，对每个指标确定上限值（或称满意值）和下限值（或称不允许值）。上限值可以是所有参评企业的最优值，也可以是同行业、全国、世界的先进水平，还可以是某一时期的奋斗目标等。下限值可以是所有参评企业的最差值，也可以是同行业、全国、世界的最低水平，或某一时期的最差值；②计算每项指标的功效系数；③将各项指标的功效系数得分，用各项指标的权数进行加权平均，求得各类指标的功效系数综合得分和企业功效系数总得分；④按照各评价企业的功效系数总得分，依次排队，确定企业的名次。

三、影响工资标准调整的主要因素

（一）工资标准的主要内容

1. 工资制度设计的原则

在现实中，不同组织可有不同的工资制度。但不论组织选择哪一种类型的工资制度，都必须遵循以下四项基本原则。

（1）按劳取酬原则。即按照劳动贡献的大小领取报酬，多劳多得。

（2）同工同酬原则。"同工同酬"是指用人单位对于从事相同工作，付出等量劳动且取得相同劳动业绩的劳动者，支付同等的劳动报酬。同工同酬必须具备三个条件：一是劳动者的工作岗位、工作内容相同；二是在相同的工作岗位上付出了与别人同样的劳动工作量；三是同样的工作量取得了相同的工作业绩。同工同酬的内容包括以下几个方面：第一，男女同工同酬。第二，不同种族、民族、身份的人同工同酬。第三，地区、行业、部门间的同工同酬。第四，企业内部的同工同酬。

（3）平衡原则。即企业对内部员工之间以及与外部之间在工资水平上加以调整，使之趋向合理化，从而达到员工心理上的平衡。

（4）合法保障原则。工资保障制度一般包括两方面的内容，一是最低工资的保障。最低工资是法律规定的职工在法定工作时间内提供了正常劳动的前提下，用人单位在最低限度内应当支付的足以维持职工及其平均供养人口基本生活需要的工资，即工资的法定最低限额。二是工资支付规则，包括货币支付规则、直接支付规则、定期支付规则和优先支付规则。货币支付规则，即工资应当以法定货币支付，不得以实物和有价证券替代货币支付；直接支付规则，即应当将工资支付给职工本人；定期支付规则，即工资必须在固定的日期支付；全额支付规则，即应当将职工应得的工资全部支付；优先支付规则，即企业破产或依法清算时，职工应得工资必须作为优先受偿的债权。

2. 工资制度设计的方法

（1）工作评价的方法。工作评价是工资制度设计的关键步骤。工作评价的结果，将产生表明各项工作的劳动价值或重要性的顺序、等级、分数或象征性的货币值。常见的工作评价方法有五种，即经验排序法、因素综合分类法、因素比较法、因素评分法和市场定位法。

（2）工资结构线的确定方法。工作评价为组织内部各项工作确定了一个表示其劳动价值或重要性大小的工作评价值，这个工作评价值可以是顺序、等级，也可以是分数或象征性的货币值。接下来的工作是，要为这些工作评价值确定一个对应的工资值。也就是说，要把这些工作评价值转换为实际的工资值。

（3）工资分级方法。工资分级的典型办法是，把那些通过工作评价而获得相近的劳动价值或重要性的工作，归并到同一等级，形成一个工资等级系列。尽管这些工作的劳动价值或重要性并不绝对相等，但因差别不大，因此对它们加以归并组合，可以大大简化操作，便于管理。总的原则是，等级的数目不能少到相对价值相差甚大的工作都处于同一等级而无区别，也不能多到价值稍有不同便处于不同等级而需作区别的程度。因为级数太少，难以晋升，不利士气；而级数太多则晋升过多，刺激不强，不利于管理。现实中，企业的工资等级系列一般在10—15级之间。

（二）影响工资标准调整的主要因素

1. 外部影响因素

（1）劳动力市场因素

由于工资水平也受到劳动力市场供求关系的影响，因此当劳动力市场供求关系发生改变时，用人单位的工资标准也需要发生相应的改变，以保持自身的竞争力。

（2）政府的法律、法规

与工资相关的法律法规有最低工资制度、个人所得税征收制度，以及强制性劳动保险的种类和缴费水平等，这些制度的变化会直接导致工资标准的调整。

2. 内部影响因素

（1）用人单位经营状况

用人单位经营状况是影响工资标准的最直接的因素。当用人单位的经营状况发生改变时，用人单位的工资标准也应当发生相应的调整，使得员工能够共享组织的发展成果。

（2）企业文化和战略

企业文化是用人单位分配思想、价值观、目标追求、价值取向和制度的土壤，企业文化不同，必然会导致观念和制度的不同，从而会影响到工资标准的制定。

技能要求

调整或修改用人单位劳动标准应注意的问题

（一）调整或修改的必要性与可行性评估

在调整或修改某一劳动标准之前，一定要先对该劳动标准的实施情况进行评估，使用问卷法、访谈法或是观察法，判断其是否确实不合理，为什么不合理，有多少员工迫切想要修改这一劳动标准等。

（二）调整或修改内容的可行性分析

调整或修改的方案可行性研究的内容及侧重点因行业特点而差异很大，但一般应包括以下内容：（1）技术可行性。主要从方案实施的技术角度，分析方案的可行性，避免方案流于形式。（2）财务可行性。主要从投入产出的角度，从企业理财的角度进行资本预算，评价方案的财务效果，进行决策。（3）社会可行性。主要分析方案的社会影响，避免违反政策、法律、道德等。（4）风险因素及对策。主要对方案的技术风险、财务风险、法律风险及社会风险等风险因素进行评价，制定规避风险的对策，为方案全过程的风险管理提供依据。

（三）员工接受度的把握和评估

为了保证员工的接受度，一定要对调整和修改的方案征求员工意见。

劳动标准调整或修改完毕后，先送与有关的各主管部门征求意见或召开座谈会，按返回的意见修改后，再将政策方案送各有关部门征求意见。如此往返几次，直至各部门没有意见，或者没有新的意见为止。然后，征求劳动者或工会的意见。对劳动者或工会提出的意见，应慎重考虑、反复推敲。如果提出的意见有道理就虚心采纳，重新研究修改方案。最后，还可以咨询有关专家学者，以听取他们的意见和反映，进一步完善方案文本。

第二单元　用人单位劳动标准与单位发展战略

理论知识

一、单位发展战略或发展规划的制定

1. 开展内外部战略环境分析

战略环境分析是战略制定的基础。其主要包括外部环境分析和内部能力分析两大部分。外部环境分析包括宏观环境分析和行业环境分析。宏观环境分析包括经济环境、社会环境、政治环境、技术环境等。行业分析包括行业监管政策、行业中的竞争者和潜在竞争者、目标/细分市场分析、各细分市场上的竞争状况等。具体包括对行业特性、产品发展方向及市场走向进行广泛的研究；获得竞争对手的财务或经营数据，分析对手动向，评估对本行业带来的影响；评估行业竞争程度，确定单位在本行业的战略方向，及时修正或调整单位在市场上的定位等。内部能力分析主要是对单位内部价值链（生产价值链和管理价值链）进行分析，也包括对单位内部组织流程进行诊断。由此识别单位的相对竞争状况，帮助单位认识自身的各个环节上的优劣势，确定内部能力的重大提升方向。

2. 制定总体战略目标与思路

在内外部环境分析的基础上，认识了单位发展的外部机遇与挑战、内部优势和劣势之后，即可制定单位的中期战略目标和实现目标的途径，以统一全单位的工作思路，明确单位未来的发展方向。单位中期战略目标要结合单位运营的实际环境及单位的发展愿景来制定。可通过一系列指标体系来对宏观目标做具体的分解细化。单位战略思路是单位形成明确的中期发展目标后，明确实现单位发展目标的手段和途径，以及单位将在哪些重大方面做出努力等。通过确定决策焦点、形成策略表、形成备选思路方案及分析，最终确定综合战略思路。

3. 编制战略措施规划

战略总体思路明确之后，应制定落实思路的关键措施并进行措施的规划分解。这是确保中期战略目标得以顺利实现的重要保障。战略措施规划是将目标实现的关键方面层层分解为一系列可执行、可衡量的战略行动——包括战略关键措施、主要工作和项目三个层次。关键措施是根据战略总体思路确定的实现公司战略目标的关键方面；主要工作是为实现每一个战略关键措施及其目标需要实施的几个主要方面；项目是每一主要工作下需要相关部门独立开展或者牵头开展的完整的最小工作单元内容。

二、用人单位劳动标准与单位发展战略规划之间的关系

1. 单位发展战略为制定劳动标准确立了核心思想。单位发展战略是随着用人单位所处的发展阶段的不同而变化的，因此就需要相应的劳动标准予以配合。劳动标准实质上是单位发展战略顺利实施的重要工具。

2. 用人单位劳动标准通过规范员工的行为标准，营造了良好而有序的内部工作环境和秩序；通过规范各项作业的流程及标准，提高了员工的工作效率；通过规范用人单位的劳动管理活动，创造了良好的企业社会形象。这些都有利于用人单位更好地实现单位发展战略。因此，用人单位劳动标准是实现单位发展战略的重要保证。

技能要求

适应用人单位发展战略，制定或调整薪酬和福利标准应注意的问题

1. 用人单位的薪酬和福利标准是否配合了用人单位的战略。也就是现有的薪酬制度能否驱动用人单位战略的实施。用人单位在不同的阶段也有不同的薪酬策略，在初创期，更多的是采取长期激励的方式；在发展期，奖金的比例比较高；在成熟期，短期激励和长期激励要结合起来；在衰退期，要节约人工成本。

2. 用人单位的薪酬和福利标准是否具有外部竞争力。员工对薪酬的满意度会影响员工的工作效率。另外，在选择用人单位的时候，报酬是很重要的选择因素。所以，薪酬制度要定期进行薪酬调查，及时调整薪酬水平，保留、激励现有人员，吸引高素质的人才加入到队伍中来。

3. 用人单位的薪酬和福利标准是否具有内部公平性。对价值评价一定要科学，价值贡献大的人拿得自然就多，价值贡献小的人拿得自然就少，贡献越大拿得越多，只有把差距拉开来，才有激励作用。

4. 用人单位的薪酬和福利标准是否是成本节约的。薪酬设计要考虑用人单位的支付能力和投资回报率，高薪对于优秀人才的引进当然具有不可替代的吸引力，但是，用人单位的薪酬标准在市场上应该处

于什么位置要视用人单位的财力、人才的可获得性等具体条件而定，不能一味地强调高薪。在薪酬支付上，也要对不同的人才类型制定不同的薪酬标准。核心人才、通用人才可以提供市场领先策略，辅助性人才提供跟随市场薪酬策略，而对独特人才可以采取合作的形式，这样，人力成本的投入才能有科学、合理的回报。

5. 用人单位的薪酬和福利标准是否是有效率的。建立制度的有效执行机构非常重要。薪酬和福利标准的实施不仅仅要专业，而且要得到用人单位的高度重视，规矩定下来以后，就要坚决地执行，不能因为个人的权威而损害公平、公正性。

辅导练习题

一、单项选择题

1. 判断用人单位的经济效益情况，可以使用（　　）方法。

A. 对比法

B. 打分排队法

C. 加权平均法

D. 中位数法

答案：B

2. 以下对用人单位劳动标准与单位发展战略规划之间的关系描述中错误的是（　　）。

A. 单位发展战略为制定劳动标注确立了核心思想

B. 用人单位劳动标准是实现单位发展战略的重要保证

C. 用人单位劳动标准有利于用人单位更好地实现单位发展战略

D. 用人单位劳动标准是制定单位发展战略的前提。

答案：D

3. 以下关于薪酬和福利标准说法中错误的是（　　）。

A. 用人单位的薪酬和福利标准要配合用人单位的战略

B. 用人单位的薪酬和福利标准要具有外部竞争力就可以，不一定要具有内部公平性

C. 用人单位的薪酬和福利标准要是成本节约的

D. 用人单位的薪酬和福利标准要是有效率的

答案：B

二、多项选择题

1. 以下（　　）情况下必须修改或调整用人单位的劳动标准。

A. 用人单位所在行业的行业标准发生了变化

B. 用人单位董事会换届

C. 用人单位在海外开设了新的分公司

D. 法律增加了女职工产假的天数

答案：ACD

2. 以下方法中（　　）是常见的工作评价方法。

    A. 经验排序法

    B. 因素比较法

    C. 因素评分法

    D. 综合指数法

    答案：ABC

第二章

劳动合同管理

学习目标

1. 掌握劳动合同的概念、类别和内容，理解劳动合同订立与劳动关系建立的关系，了解无效劳动合同的相关知识。

2. 掌握劳动合同形式的最优选择策略，并用以指导劳动合同订立的实务工作。

3. 掌握员工背景调查、劳动合同文本起草的相关知识，了解关键岗位的界定方法以及用工风险点与控制方法。

4. 掌握劳动合同履行的相关法律法规，了解劳动合同履行的相关理论，学会分析劳动合同履行过程中可能面临的风险，并掌握风险控制的方法。

5. 掌握劳动合同变更的相关法律法规，学会分析劳动合同变更过程中可能面临的风险，并掌握风险控制的方法。

6. 掌握劳动合同解除的概念、类型及相关法律法规，了解劳动合同解除的相关理论分析方法与评估方法，学会用工调整方案及经济性裁员方案的撰写与实施。

7. 掌握劳动合同终止的概念、类型、相关法律法规以及劳动合同终止风险控制方法。

8. 掌握经济补偿、赔偿金、违约金的相关法律规定，掌握竞业限制、保密协议的后续履行，掌握劳动争议的防范与处理对策。

第一节　劳动合同订立

第一单元　劳动合同概述

[理论知识]

一、劳动合同的概念

劳动合同，亦称劳动契约或劳动协议。劳动合同具有如下特征：第一，劳动合同主体双方在地位上具有从属性；第二，劳动合同在时间上具有继续性；第三，劳动合同具有简洁和灵活的特点；第四，劳动合同还具有主体固定的特征。

劳动合同根据其期限、用工形式的不同可以划分为不同的种类。劳动合同按照期限划分，可分为固定期限劳动合同、无固定期限劳动合同和以完成一定工作任务为期限的劳动合同。按照用工形式划分，劳动合同可分为一般劳动合同和特殊劳动合同，其中特殊劳动合同主要包括非全日制劳动合同和劳务派遣合同。

二、劳动合同订立与劳动关系建立的关系

所谓订立劳动合同（或称劳动合同订立），是指劳动者和用人单位经过相互选择和平等协商，就劳动合同条款达成协议，从而明确相互权利义务的法律行为。它一般包括确定合同当事人和确定合同内容两个阶段。

所谓劳动关系的建立，是指劳动者与用人单位实际发生劳动关系，亦即劳动关系在事实上开始存续。《劳动合同法》第 10 条第 1 款要求"建立劳动关系，应当订立书面劳动合同"；第 7 条规定："用人单位自用工之日起即与劳动者建立劳动关系"；第 10 条第 2、3 款中规定："已建立劳动关系，未同时订立书面劳动合同的，应当自用工之日起一个月内订立书面劳动合同。用人单位与劳动者在用工前订立劳动合同的，劳动关系自用工之日起建立。"由此可见，只有在订立书面劳动合同与开始用工同时发生的情况下，订立劳动合同才与开始用工一起成为劳动关系建立的标志。这里的"同时"，严格意义上是劳动合同订立的当天或者紧邻劳动合同订立日的下一个工作日就开始实际用工；但实践中应当包括劳动合同订立与开始用工的间隔时间很短而可以忽略不计的情形。因此，劳动合同订立与开始用工共同构成劳动关系建立的标志，是劳动关系建立的一般情形。

然而，在劳动合同订立与开始用工不同时即间隔时间相对较长的情况下，根据《劳动合同法》第 7 条和第 10 条第 2、3 款的规定，自用工之日起建立劳动关系，即开始用工的事实可以构成劳动关系建立的标志。也就是说，先开始用工后订立劳动合同或者先订立劳动合同后开始用工的，劳动关系都是自用工之日起建立。在实践中，这是劳动关系建立的特殊情形。

在先订立劳动合同后开始用工的情况下，劳动合同订立后至开始用工前这段期间，劳动合同对劳动者和用人单位是有约束力的。

三、无效劳动合同

无效劳动合同是指劳动合同由于缺少有效要件而全部或部分不具有法律效力。其中，全部无效的劳动合同，它所确立的劳动关系应予以消灭；部分无效的劳动合同，它所确立的劳动关系可依法存续，只是部分条款无效，如果不影响其余部分的效力，其余部分仍然有效。值得注意的是，无效劳动合同不具有法律效力，是指不能发生当事人所预期的法律后果。

（一）劳动合同无效的事由

《劳动合同法》第 26 条第 1 款规定了劳动合同无效的事由：

1. 以欺诈、胁迫的手段或者乘人之危，使对方在违背真实意思的情况下订立或者变更劳动合同的

理解这一规定，可以从以下几方面入手：（1）主体。既可以是用人单位，也可以是劳动者。（2）原因。导致意思表达不真实的原因在于对方当事人的欺诈、胁迫或者乘人之危。所谓欺诈，是指一方当事人故意告知对方虚假情况，或者故意隐瞒真实情况诱使对方当事人作出错误意思表示的行为。需要指出

的是，欺诈的构成须以欺诈者有告知义务为前提。所谓胁迫是指以给自然人及其亲友的生命健康、荣誉、名誉、财产等造成损害，或者以给法人的荣誉、名誉、财产等造成损害为要挟，迫使对方作出违背真实的意思表示的行为。所谓乘人之危是指一方当事人乘对方当事人处于危难之机，为谋取不正当利益，迫使对方作出不真实的意思表示，严重损害对方利益的行为。（3）适用范围。意思表示不真实既可以发生在劳动合同订立中，也可以发生在劳动合同变更中。（4）法律后果。因意思表达不真实所达成的合同条款如果是劳动合同中具有关键或核心作用的条款，则可导致劳动合同整体无效；否则，只可能导致劳动合同部分无效。

2. 用人单位免除自己的法定责任、排除劳动者权利的

所谓用人单位的法定责任，是指用人单位依据法律规定对劳动者承担的义务，即劳动法所规定的用人单位义务，若是免除集体合同和劳动规章制度所规定的用人单位义务，则不作为劳动合同无效处理，而作为用人单位违约处理。所谓劳动者权利是指劳动者依据劳动条件基准、集体合同和劳动规章制度所享有的权利。实践中，用人单位很有可能凭借自身的优势地位要求劳动者接受其提出的免除自己法定责任、排除劳动者权利的合同条款，劳动合同中如有这种条款，就可以认定无效。这种条款如果不影响劳动合同其他部分的效力，只是该条款无效；如果影响劳动合同其他部分，导致劳动合同目的不能实现，则导致劳动合同整体无效。

3. 违反法律、行政法规强制性规定

这些规定主要包括：第一，用人单位和劳动者中的一方或者双方不具备订立劳动合同的法定资格的，如签订劳动合同的劳动者一方必须是具有劳动权利能力和劳动行为能力的公民，企业与未满 16 周岁的未成年人订立的劳动合同就是无效的劳动合同（国家另有规定的除外）。第二，劳动合同的内容直接违反法律、法规的规定的，如劳动者与矿山企业在劳动合同中约定的劳动保护条件不符合《矿山安全法》的有关规定，他们所订立的劳动合同是无效的。第三，劳动合同因损害国家利益和社会公共利益而无效。《民法通则》第 58 条第 5 项确立了社会公共利益的原则，违反法律或者社会公共利益的民事行为无效。

（二）劳动合同无效的确认及其法律后果

《劳动合同法》第 26 条第 2 款规定，对劳动合同的无效或者部分无效有争议的，由劳动争议仲裁机构或者人民法院确认。劳动合同订立与劳动合同被确认无效之间，一般有一段时间，在此段时间劳动者已付出劳动。故劳动合同无效的法律后果，需要分两个阶段来处理。

1. 劳动合同订立至劳动合同被确认无效期间的法律后果

《劳动合同法》第 28 条仅对此阶段劳动报酬的支付作出规定：劳动合同被确认无效，劳动者已付出劳动的，用人单位应当向劳动者支付劳动报酬。劳动报酬的数额，参照本单位相同或者相近岗位劳动者的劳动报酬确定。其中，需要注意的是，重新确定的劳动报酬数额若高于已支付的劳动报酬数额，用人单位应向劳动者补足其差额部分。

此外，对因不具备合法经营资格的用人单位的违法犯罪行为而被确认无效的劳动合同，依据《劳动合同法》第 93 条规定，劳动者已经付出劳动的，该单位或者其出资人应当依照本法有关规定向劳动者支付劳动报酬、经济补偿、赔偿金；给劳动者造成损害的，应当承担赔偿责任。

2. 劳动合同被确认无效后的法律后果

劳动合同虽然被确认无效，但是由于存在实际的用工行为，用人单位和劳动者之间依然存在劳动关系。根据《劳动合同法》第 38、39 条的规定，对导致劳动合同无效无过错的一方当事人可选择解除劳动合同；依据《劳动合同法》第 38 条第 1 款第 5 项和第 46 条的规定，因用人单位过错导致劳动合同无效的，劳动者可以即时预告辞职，并获得经济补偿；依据《劳动合同法》第 39 条第 5 项的规定，因劳动者

过错导致劳动合同无效的，用人单位可以即时预告辞退。

依据《劳动合同法》第 86 条和第 93 条的规定，劳动合同被确认无效，给对方造成损害的，有过错的一方应当承担赔偿责任；不具备合法经营资格的用人单位的违法犯罪行为，给劳动者造成损害的应当承担赔偿责任。

技能要求

劳动合同形式的最优选择策略

（一）直接用工与间接用工的选择

所谓直接用工，是指用人单位直接雇用劳动者，和劳动者建立劳动关系，用工方式包括全日制用工和非全日制用工。其中全日制用工又可以分为签订无固定期限劳动合同、签订固定期限劳动合同和签订以完成一定工作任务为期限劳动合同三类。间接用工则是指通过第三方的用工方式，用工单位并不与劳动者直接签订劳动合同。包括劳务派遣和外包用工两种方式。企业可以根据对劳动者直接管理的必要性、单位承担责任的意愿、岗位责任的大小，就具体的用工方式做出选择。

一般来讲，岗位责任越大，直接管理的必要性就越大，同时单位更愿意承担用人单位责任，也就更应该选择直接雇用的方式；而对于单位中的辅助性岗位和业务，则可以根据情况选择间接雇用的方式。

（二）用工方式与劳动合同期限的选择

用工方式和劳动合同的期限应当根据岗位性质的不同做出相应的选择。

1. 非全日制用工

对于可以灵活安排工作时间、平均每日工作时间不超过 4 小时、每周工作时间累计不超过 24 小时，且工作时间便于考勤记录的岗位，可以选择非全日制用工，并且可以不约定合同期限，随时通知即可终止。

2. 劳务派遣

根据 2012 年底颁布的《关于修改＜中华人民共和国劳动合同法＞的决定》的规定，劳务派遣只能在临时性、辅助性或替代性的工作岗位上实施。临时性工作岗位是指存续时间不超过 6 个月的岗位；辅助性工作岗位是指为主营业务岗位提供服务的非主营业务岗位；替代性工作岗位是指用工单位的劳动者因脱产学习、休假等原因无法工作的一定期间内，可以由其他劳动者替代工作的岗位。

补充阅读

《劳务派遣暂行规定》已于 2013 年 12 月 20 日经人力资源社会保障部第 21 次部务会审议通过，现予以公布，自 2014 年 3 月 1 日起施行。具体内容如下：

劳务派遣暂行规定

第一章　总　则

第一条　为规范劳务派遣，维护劳动者的合法权益，促进劳动关系和谐稳定，依据《中华人民共和国劳动合同法》（以下简称劳动合同法）和《中华人民共和国劳动合同法实施条例》（以下简称劳动合同法实施条例）等法律、行政法规，制定本规定。

第二条　劳务派遣单位经营劳务派遣业务，企业（以下称用工单位）使用被派遣劳动者，适用本规定。

依法成立的会计师事务所、律师事务所等合伙组织和基金会以及民办非企业单位等组织使用被派遣劳动者，依照本规定执行。

第二章　用工范围和用工比例

第三条　用工单位只能在临时性、辅助性或者替代性的工作岗位上使用被派遣劳动者。

前款规定的临时性工作岗位是指存续时间不超过6个月的岗位；辅助性工作岗位是指为主营业务岗位提供服务的非主营业务岗位；替代性工作岗位是指用工单位的劳动者因脱产学习、休假等原因无法工作的一定期间内，可以由其他劳动者替代工作的岗位。

用工单位决定使用被派遣劳动者的辅助性岗位，应当经职工代表大会或者全体职工讨论，提出方案和意见，与工会或者职工代表平等协商确定，并在用工单位内公示。

第四条　用工单位应当严格控制劳务派遣用工数量，使用的被派遣劳动者数量不得超过其用工总量的10%。

前款所称用工总量是指用工单位订立劳动合同人数与使用的被派遣劳动者人数之和。

计算劳务派遣用工比例的用工单位是指依照劳动合同法和劳动合同法实施条例可以与劳动者订立劳动合同的用人单位。

第三章　劳动合同、劳务派遣协议的订立和履行

第五条　劳务派遣单位应当依法与被派遣劳动者订立2年以上的固定期限书面劳动合同。

第六条　劳务派遣单位可以依法与被派遣劳动者约定试用期。劳务派遣单位与同一被派遣劳动者只能约定一次试用期。

第七条　劳务派遣协议应当载明下列内容：

（一）派遣的工作岗位名称和岗位性质；

（二）工作地点；

（三）派遣人员数量和派遣期限；

（四）按照同工同酬原则确定的劳动报酬数额和支付方式；

（五）社会保险费的数额和支付方式；

（六）工作时间和休息休假事项；

（七）被派遣劳动者工伤、生育或者患病期间的相关待遇；

（八）劳动安全卫生以及培训事项；

（九）经济补偿等费用；

（十）劳务派遣协议期限；

（十一）劳务派遣服务费的支付方式和标准；

（十二）违反劳务派遣协议的责任；

（十三）法律、法规、规章规定应当纳入劳务派遣协议的其他事项。

第八条　劳务派遣单位应当对被派遣劳动者履行下列义务：

（一）如实告知被派遣劳动者劳动合同法第八条规定的事项、应遵守的规章制度以及劳务派遣协议的内容；

（二）建立培训制度，对被派遣劳动者进行上岗知识、安全教育培训；

（三）按照国家规定和劳务派遣协议约定，依法支付被派遣劳动者的劳动报酬和相关待遇；

（四）按照国家规定和劳务派遣协议约定，依法为被派遣劳动者缴纳社会保险费，并办理社会保险相关手续；

（五）督促用工单位依法为被派遣劳动者提供劳动保护和劳动安全卫生条件；

（六）依法出具解除或者终止劳动合同的证明；

（七）协助处理被派遣劳动者与用工单位的纠纷；

（八）法律、法规和规章规定的其他事项。

第九条　用工单位应当按照劳动合同法第六十二条规定，向被派遣劳动者提供与工作岗位相关的福利待遇，不得歧视被派遣劳动者。

第十条　被派遣劳动者在用工单位因工作遭受事故伤害的，劳务派遣单位应当依法申请工伤认定，用工单位应当协助工伤认定的调查核实工作。劳务派遣单位承担工伤保险责任，但可以与用工单位约定补偿办法。

被派遣劳动者在申请进行职业病诊断、鉴定时，用工单位应当负责处理职业病诊断、鉴定事宜，并如实提供职业病诊断、鉴定所需的劳动者职业史和职业危害接触史、工作场所职业病危害因素检测结果等资料，劳务派遣单位应当提供被派遣劳动者职业病诊断、鉴定所需的其他材料。

第十一条　劳务派遣单位行政许可有效期未延续或者《劳务派遣经营许可证》被撤销、吊销的，已经与被派遣劳动者依法订立的劳动合同应当履行至期限届满。双方经协商一致，可以解除劳动合同。

第十二条　有下列情形之一的，用工单位可以将被派遣劳动者退回劳务派遣单位：

（一）用工单位有劳动合同法第四十条第三项、第四十一条规定情形的；

（二）用工单位被依法宣告破产、吊销营业执照、责令关闭、撤销、决定提前解散或者经营期限届满不再继续经营的；

（三）劳务派遣协议期满终止的。

被派遣劳动者退回后在无工作期间，劳务派遣单位应当按照不低于所在地人民政府规定的最低工资标准，向其按月支付报酬。

第十三条　被派遣劳动者有劳动合同法第四十二条规定情形的，在派遣期限届满前，用工单位不得依据本规定第十二条第一款第一项规定将被派遣劳动者退回劳务派遣单位；派遣期限届满的，应当延续至相应情形消失时方可退回。

第四章　劳动合同的解除和终止

第十四条　被派遣劳动者提前30日以书面形式通知劳务派遣单位，可以解除劳动合同。被派遣劳动者在试用期内提前3日通知劳务派遣单位，可以解除劳动合同。劳务派遣单位应当将被派遣劳动者通知解除劳动合同的情况及时告知用工单位。

第十五条　被派遣劳动者因本规定第十二条规定被用工单位退回，劳务派遣单位重新派遣时维持或者提高劳动合同约定条件，被派遣劳动者不同意的，劳务派遣单位可以解除劳动合同。

被派遣劳动者因本规定第十二条规定被用工单位退回，劳务派遣单位重新派遣时降低劳动合同约定条件，被派遣劳动者不同意的，劳务派遣单位不得解除劳动合同。但被派遣劳动者提出解除劳动合同的除外。

第十六条　劳务派遣单位被依法宣告破产、吊销营业执照、责令关闭、撤销、决定提前解散或者经营期限届满不再继续经营的，劳动合同终止。用工单位应当与劳务派遣单位协商妥善安置被派遣劳动者。

第十七条　劳务派遣单位因劳动合同法第四十六条或者本规定第十五条、第十六条规定的情形，与被派遣劳动者解除或者终止劳动合同的，应当依法向被派遣劳动者支付经济补偿。

第五章　跨地区劳务派遣的社会保险

第十八条　劳务派遣单位跨地区派遣劳动者的，应当在用工单位所在地为被派遣劳动者参加社会保险，按照用工单位所在地的规定缴纳社会保险费，被派遣劳动者按照国家规定享受社会保险待遇。

第十九条　劳务派遣单位在用工单位所在地设立分支机构的，由分支机构为被派遣劳动者办理参保手续，缴纳社会保险费。

劳务派遣单位未在用工单位所在地设立分支机构的，由用工单位代劳务派遣单位为被派遣劳动者办理参保手续，缴纳社会保险费。

第六章　法律责任

第二十条　劳务派遣单位、用工单位违反劳动合同法和劳动合同法实施条例有关劳务派遣规定的，按照劳动合同法第九十二条规定执行。

第二十一条　劳务派遣单位违反本规定解除或者终止被派遣劳动者劳动合同的，按照劳动合同法第四十八条、第八十七条规定执行。

第二十二条　用工单位违反本规定第三条第三款规定的，由人力资源社会保障行政部门责令改正，给予警告；给被派遣劳动者造成损害的，依法承担赔偿责任。

第二十三条　劳务派遣单位违反本规定第六条规定的，按照劳动合同法第八十三条规定执行。

第二十四条　用工单位违反本规定退回被派遣劳动者的，按照劳动合同法第九十二条第二款规定执行。

第七章　附　则

第二十五条　外国企业常驻代表机构和外国金融机构驻华代表机构等使用被派遣劳动者的，以及船员用人单位以劳务派遣形式使用国际远洋海员的，不受临时性、辅助性、替代性岗位和劳务派遣用工比例的限制。

第二十六条　用人单位将本单位劳动者派往境外工作或者派往家庭、自然人处提供劳动的，不属于本规定所称劳务派遣。

第二十七条　用人单位以承揽、外包等名义，按劳务派遣用工形式使用劳动者的，按照本规定处理。

第二十八条　用工单位在本规定施行前使用被派遣劳动者数量超过其用工总量10%的，应当制定调整用工方案，于本规定施行之日起 2 年内降至规定比例。但是，《全国人民代表大会常务委员会关于修改〈中华人民共和国劳动合同法〉的决定》公布前已依法订立的劳动合同和劳务派遣协议期限届满日期在本规定施行之日起 2 年后的，可以依法继续履行至期限届满。

用工单位应当将制定的调整用工方案报当地人力资源社会保障行政部门备案。

用工单位未将本规定施行前使用的被派遣劳动者数量降至符合规定比例之前，不得新用被派遣劳动者。

第二十九条　本规定自 2014 年 3 月 1 日起施行。

3. 外包用工

外包用工主要适用于企业主业以外的一些业务。企业可以把这些业务承包给具有专业资格的公司，由其雇用专业人员完成，以便于专业化的管理。

4. 劳动合同期限的配置

对于季节性、临时性但有着明确的需要一段时间完成的特定工作任务的岗位，可以选择签订以完成一定工作任务为期限的劳动合同的用工方式。选择这一用工方式值得注意的是：用人单位与劳动者签订以完成一定工作任务为期限的劳动合同，仅仅是合同期限不同而已，对于用人单位而言除了不受法律规定的续订次数限制以外，其他的责任和义务与签订有固定期限的劳动合同是相同的。劳动关系具有短期性，但劳动合同的内容必须是全面的和完备的。

除去上述特殊情况和特殊岗位可以采用特殊用工方式外，对于企业中的其他岗位用工则应以签订定期和不定期劳动合同为主。而在期限上，用人单位可以根据岗位情况、用人单位对于劳动者的需求程度选择签订，一般来讲，最好第一次签订时，期限不要太短，以 2—3 年左右的中期劳动合同为宜。

（三）不同用工方式的优劣势分析

用人单位的用工方式选择是与用人单位的发展战略紧密联系的。对于用人单位来讲，属于用人单位未来发展方向的主要岗位和核心经营管理人员，应当保持相对的稳定，应当以签订 5 年以上中长期劳动合同和无固定期限劳动合同为基本用工方式。对于其他的岗位，则应视用人单位的具体经营需求，权衡各种用工方式的利弊，做出适当的选择。具体来讲：

劳务派遣的优点在于：不需要直接雇用劳动者，可以规避国有企业人员编制和工资总额的限制，满足用工需要，用工的自由度较大。但也存在明显的弊端。即：（1）新修订的《劳动合同法修正案》明确规定劳务派遣只能在临时性、辅助性、替代性的岗位上实施，并且对"三性"下了明确的定义，因此法律风险是目前使用劳务派遣必须面临的风险之一，任何的从严解释都有可能导致单位使用劳务派遣以规避编制限制的目的落空。（2）根据法律规定，给被派遣劳动者造成损害的，劳务派遣单位与用工单位承担连带赔偿责任。这就意味着一旦劳务派遣单位人间蒸发、破产或解散，所拖欠支付的工资和欠缴的社会保险费用都要由用工单位承担，即便用工单位已经把这些费用支付给了派遣单位。

外包用工的优点在于：只要承包人具有法定的资质和独立法人资格，且不存在企业职工混岗的情况下，用人单位对于承包人雇用的劳动者承担的责任非常小，主要是在发生人身损害的情况下涉及民事侵权损害赔偿的问题。而弊端也同样明显，由于企业不能插手承包人雇用的员工的日常管理，从而决定了所能够外包的工作仅限于企业中的辅业工作，否则会影响企业的长远发展和人力资源积累。

非全日制用工的优点在于：非全日制用工中，用人单位不需要签订书面合同，解除劳动合同不需要支付补偿金，只需要缴纳工伤保险费，因此和全日制用工以及劳务派遣相比，企业的法律责任比较轻。而弊端则是：用人单位的管理风险比较大。由于法律对于非全日制的工时限制比较短，因此企业不能够根据需要而延长工作时间，而且必须有严格的考勤制度和工时记录。

以完成一定工作任务的劳动用工方式的优点是不受续订次数的限制，而弊端则在于：属于短期用工，一般不得在同一岗位连续签订工作内容相同的、以完成一定工作任务为期限的劳动合同。

第二单元　劳动合同订立的风险管理

理论知识

一、员工背景调查

所谓员工背景调查，是指在基本确定录用人选后，在签约之前，对应聘者与工作和签订劳动合同有关的一些背景信息进行查证核实，目的在于核实应聘者的任职资格以及确认其所提供信息的真实性。

背景调查的内容，根据《劳动合同法》第 8 条的规定，原则上应当限于用人单位享有知情权的内容，即与劳动合同直接相关的劳动者基本情况。主要内容包括：学历水平、工作经历、综合素质、与原用人单位劳动关系状况等。

进行背景调查的渠道主要有五种：1. 通过公安部门、街道办事处、居委会等机构查询核实求职者的身份信息；2. 通过教育部门、学校查询核实求职者的学历信息；3. 通过求职者以前的工作单位了解核实求职者的工作表现、离职原因等；4. 通过医疗机构进行录用前体检，了解求职者的健康状况；5. 对于关键岗位的候选人，必要时可以委托专业机构完成背景调查。

二、劳动合同文本的选择与起草

劳动合同起草的过程中应注意以下事项：

（一）内容合法

劳动合同的内容不得违背法律、法规和集体合同的规定。

（二）条款完备

起草的劳动合同的条款包括必备条款和约定条款。必备条款应当包括《劳动合同法》第 17 条规定的全部内容，包括：（1）用人单位的名称、住所和法定代表人或者主要负责人；（2）劳动者的姓名、住址和居民身份证号码或者其他有效身份证件号码；（3）劳动合同期限；（4）工作内容和工作地点；（5）工作时间和休息休假；（6）劳动报酬；（7）社会保险；（8）劳动保护、劳动条件和职业危害防护；（9）法律、行政法规规定应当纳入劳动合同的其他事项。

（三）遵循平等自愿、协商一致、诚实信用的原则

劳动合同的内容必须是劳动者和用人单位平等协商的结果，必须是双方当事人的真实意思表示。

三、关键岗位的界定方法

（一）岗位参照法

岗位参照法，顾名思义就是用已有工资等级的岗位来对其他岗位进行评估。具体的步骤是：

1. 成立岗位评估小组；

2. 评估小组选出几个具有代表性、并且容易评估的岗位，对这些岗位进行岗位评估；

3. 如果企业已经有评估过的岗位，则从中选出被员工共同认可的岗位；

4. 将第2、第3步选出的岗位定为标准岗位；

5. 评估小组根据标准岗位的工作职责和任职资格要求等信息，将类似的其他岗位归类到这些标准岗位中来；

6. 将每一组中所有岗位的岗位价值设置为本组标准岗位价值；

7. 在每组中，根据每个岗位与标准岗位的工作差异，对这些岗位的岗位价值进行调整；

8. 最终确定所有岗位的岗位价值。

（二）岗位排列法

岗位排列法是有关人员组成合格的专门机构，如岗位评定委员会；根据岗位调查资料或岗位说明书做出简洁的、易于对比的岗位描述；确定评定标准，对各个岗位打分；评定结果汇总，计算平均得分，进而得出各岗位的综合相对次序。这种方法易出现主观倾向，应通过培训提高评价人员的价值判断力，或可通过重复评价三次取平均值来消除主观误差。

（三）岗位分类法

分类法与岗位参照法有些相像，不同的是，它没有参照的标准岗位。它是将企业的所有岗位根据工作内容、工作职责、任职资格等方面的不同要求，划分为不同的类别，一般可分为管理工作类、事务工作类、技术工作类及营销工作类等。然后给每一类确定一个岗位价值的范围，并且对同一类的岗位进行排列，从而确定每个岗位不同的岗位价值。

（四）因素比较法

因素比较法不需关心具体岗位的岗位职责和任职资格，而是将所有岗位的内容抽象成若干个要素。根据每个岗位对这些要素的不同要求，得出岗位价值。比较科学的做法是将岗位内容抽象成下述五种因素：智力、技能、体力、责任及工作条件。评估小组首先将各因素区分成多个不同的等级，然后再根据岗位的内容将不同因素和不同的等级对应起来，等级数值的总和就为该岗位的岗位价值。因素比较法的步骤为：

1. 成立岗位评估小组；

2. 确定岗位评估所需要的因素，即智力、技能、体力、责任和工作条件；

3. 选出若干具有广泛代表性的标杆职位或关键岗位；

4. 将各种标杆岗位/职位按照各因素对各岗位的要求和重要性进行依次排列，形成标杆岗位/职位分级表；

5. 将各种标杆岗位/职位的现行工资，按前面所确定的五项标准进行适当的分配，编制标杆岗位/职位工资表和因素工资分配尺度表；

6. 将标杆岗位/职位以外的各岗位/职位逐项与建立起来的标杆岗位工资表和因素工资分配尺度表进行比较，对要素逐一进行判定，找到最类似的相应标杆职位，查出相应的工资，再将各项因素工资相加，便得到该岗位/职位的工资。

（五）因素计点/评分法

因素计点/评分法是目前最流行的岗位评估方法。因素计点/评分法要求组建评价机构后，首先确定影响所有岗位的共有因素，并将这些因素分级、定义和配点（分），以建立评价标准。之后依据评价标准，对所有的岗位进行评价并汇总每一岗位的总点数（分数）。最后，将岗位评价点数转化为货币数量，即岗位工资率或工资标准。这种方法可避免一定的主观随意性，但操作起来较繁琐。

四、用工的风险点与控制方法

（一）用工的法律风险

1. 用人单位不具备用人单位主体资格的法律责任

《劳动合同法》规定，对不具备合法经营资格的用人单位的违法犯罪行为，依法追究法律责任；劳动者已经付出劳动的，该单位或者其出资人应当依照《劳动合同法》有关规定向劳动者支付劳动报酬、经济补偿、赔偿金；给劳动者造成损害的，应当承担赔偿责任。不具备合法经营资格而在生产经营活动中实际使用他人劳动力的单位（简称"不合格用人单位"）的违法行为，既包括无照（证）经营行为，也包括非法用工行为，还包括其他违法行为；所违反的法律，既包括劳动法，也包括民商法、经济法、行政法和其他法律。

2. 用人单位订立无效合同的法律责任

根据《劳动合同法》的规定，如果是由于用人单位的过错，导致劳动合同被依法确认无效，给劳动者造成损害的，用人单位应当承担赔偿责任。

3. 用人单位违反书面劳动合同签订义务的法律责任

《劳动合同法》规定，用人单位自用工之日起超过一个月不满一年未与劳动者订立书面劳动合同的，应当向劳动者每月支付两倍的工资。用人单位违反《劳动合同法》的规定不与劳动者订立无固定期限劳动合同的，自应当订立无固定期限劳动合同之日起向劳动者每月支付两倍的工资。

4. 用人单位非法使用童工的法律责任

《劳动法》规定："用人单位非法招用未满16周岁的未成年人的，由劳动行政部门责令改正，处以罚款；情节严重的由工商行政管理部门吊销营业执照。"国务院《禁止使用童工规定》（1991年）对此作了具体规定。除了文艺、体育和特种工艺单位经县级以上劳动部门批准招用未满16周岁的工作者、运动员和艺徒以外，任何与未满16周岁的未成年人发生劳动关系的情况，都属于非法招用童工。其法律责任包括：（1）安置、治疗和赔偿责任。用人单位应当立即将童工送回原居住地，并承担因此所需全部费用；对被送回原居住地之前患病或伤残的童工应当负责治疗并承担治疗期内全部医疗和生活费用，医疗终结后还应当向伤残童工本人发放致残抚恤费；童工死亡的，应当发给童工父母或其他监护人丧葬补助费，并给予经济赔偿。（2）行政责任和刑事责任。对使用童工的单位，由县级以上劳动行政部门提请工商行政部门吊销其营业执照。使用童工单位的法定代表人（或主要负责人）和直接责任者，由县级以上劳动行政部门提请有关主管部门给予行政处分。对童工伤、残、死亡负有责任的单位和个人，由县级以上劳动行政部门给予行政处罚；违反《治安管理处罚条例》的，由公安机关给予治安处罚；构成犯罪的，由司法机关依法追究刑事责任。

5. 用人单位招用在职劳动者的法律责任

《劳动合同法》规定，用人单位招用尚未解除劳动合同的劳动者，给用人单位造成经济损失的，该用人单位应当依法承担连带赔偿责任。除了法定允许业余兼职和依法暂停劳动关系的劳动者外，招用尚未解除劳动合同的劳动者均属非法，该用人单位与劳动者共同侵犯了原用人单位的合法权益，就应当共同承担法律责任。

6. 用人单位提供的劳动合同文本内容存在瑕疵的法律责任

《劳动合同法》规定，用人单位提供的劳动合同文本未载明本法规定的劳动合同必备条款或者用人单位未将劳动合同文本交付劳动者的，由劳动行政部门责令改正；给劳动者造成损害的，应当承担赔偿责任。

（二）用工法律风险控制方法

1. 以直接用工代替间接用工，并减少授权订立劳动合同层级

用人单位应尽可能根据岗位情况，选择直接雇用，并综合运用多种直接用工形式。同时，为了避免因授权下属单位自行雇用劳动者，下属单位违法雇用劳动者承担连带责任，应减少劳动合同的授权签订层级，并加强用工责任制。

2. 使用间接用工时，加强对于合同单位的用工资格审查

在采用劳务派遣和外包用工等间接用工方式时，应选择有资质、信用好的派遣单位和承包人。特别是在劳务派遣中，应当加强对于派遣单位履行劳动合同雇主责任的监督。

3. 完善订立劳动合同的规章制度，严格劳动合同订立流程管理

完善订立劳动合同的规章制度，明确管理流程，其中注意三个问题：（1）签订劳动合同的时间，一般应当坚持先签合同后用工，如果先用工的话，必须在一个月内签订劳动合同；（2）劳动者签订劳动合同时须持劳动关系终止或解除证明，对于兼职劳动者，应得到原单位的书面同意或证明与原单位订立的劳动合同中不禁止兼职，以免因雇用未解除劳动合同的劳动者而承担连带责任。（3）严格规定劳动合同订立过程中的负责人员责任，避免因工作失误导致的违法用工行为。

4. 为避免续订无固定期限劳动合同时的两难选择，根据岗位合理确定初次雇用的劳动合同期限

在期限上，用人单位可以根据岗位情况、对于劳动者的需求程度选择合适的期限。一般来讲，第一次签订劳动合同时，期限最好不要太短，以2—3年左右的中期劳动合同为宜。

技能要求

劳动合同订立的疑难问题处理

（一）未订立劳动合同的，如何认定双方之间的劳动关系？

根据原劳动保障部《关于确立劳动关系有关事项的通知》的规定：

1. 用人单位招用劳动者未订立书面劳动合同，但同时具备下列情形的，劳动关系成立：

（1）用人单位和劳动者符合法律、法规规定的主体资格；

（2）用人单位依法制定的各项劳动规章制度适用于劳动者，劳动者受用人单位的劳动管理，从事用人单位安排的有报酬的劳动；

（3）劳动者提供的劳动是用人单位业务的组成部分。

2. 用人单位未与劳动者签订劳动合同，认定双方存在劳动关系时可参照下列凭证：

（1）工资支付凭证或记录（职工工资发放花名册）、缴纳各项社会保险费的记录；

（2）用人单位向劳动者发放的"工作证"、"服务证"等能够证明身份的证件；

（3）劳动者填写的用人单位招工招聘"登记表"、"报名表"等招用记录；

（4）考勤记录；

（5）其他劳动者的证言等。

其中，（1）、（3）、（4）项的有关凭证由用人单位负举证责任。

（二）劳动者不与用人单位订立合同，用人单位如何处理？

《劳动合同法》规定，用人单位自用工之日起超过一个月不满一年未与劳动者订立书面劳动合同的，

应当向劳动者每月支付两倍的工资。这里的"未与",并不区分是劳动者的原因还是用人单位的原因,只要存在没有签订劳动合同的事实,用人单位就需要向劳动者支付两倍工资。

《劳动合同法实施条例》规定,自用工之日起一个月内,经用人单位书面通知后,劳动者不与用人单位订立书面劳动合同的,用人单位应当书面通知劳动者终止劳动关系,无需向劳动者支付经济补偿,但是应当依法向劳动者支付其实际工作时间的劳动报酬。同时《劳动合同法实施条例》还规定,用人单位自用工之日起超过一个月不满一年未与劳动者订立书面劳动合同的,应当依照《劳动合同法》第 82 条的规定向劳动者每月支付两倍的工资,并与劳动者补订书面劳动合同;劳动者不与用人单位订立书面劳动合同的,用人单位应当书面通知劳动者终止劳动关系,并依照《劳动合同法》第 47 条的规定支付经济补偿。

由此可见,劳动者不与用人单位订立劳动合同,如果发生在用工之日起一个月内,用人单位可以及时采取措施终止劳动关系,不必支付经济补偿。但是如果用工已经超过一个月,由于劳动者的原因没有签订劳动合同,用人单位虽然仍享受终止劳动关系的权利,不过需要支付经济补偿,由此给用人单位造成一定的经济损失。因此对于不愿与用人单位签订劳动合同的劳动者,用人单位应及时采取应对措施。

辅导练习题

一、单项选择题

1. 劳动合同被确认无效,劳动者已付出劳动的,用人单位应当向劳动者支付劳动报酬。劳动报酬的数额,参照(　　)确定。

    A. 用工所在地的社会平均工资

    B. 该劳动者前 12 个月的平均收入

    C. 本单位相同或者相近岗位劳动者的劳动报酬

    D. 劳动合同中约定的工资

    答案:C

2. 下列关于用工方式与劳动合同期限选择的说法中正确的是(　　)。

    A. 对于可以灵活安排工作时间,且工作时间便于考勤记录的岗位,可以选择签订短期的固定期限劳动合同

    B. 劳务派遣用工主要适用于企业主业以外的一些业务岗位

    C. 外包用工只能在临时性、辅助性或替代性的工作岗位上实施

    D. 对于季节性、临时性但有着明确的需要一段时间完成的特定工作任务的岗位,可以选择签订以完成一定工作任务为期限的劳动合同的用工方式

    答案:D

3. 下列关于不同用工方式优劣势分析的说法中错误的是(　　)。

    A. 劳务派遣的优点是不需要直接雇用劳动者,用工的自由度较大

    B. 外包用工的缺点在于用人单位不能插手承包人雇用的员工的日常管理,从而决定了所能够外包的工作仅限于用人单位中的辅业工作,否则会影响用人单位的长远发展和人力资源积累

    C. 非全日制用工中,用人单位不需要签订书面合同,解除劳动合同不需要支付经济补偿

    D. 外包用工的优点是不受劳动合同续订次数的限制

答案：D

4. 下列关键岗位界定方法中，属于定性评估的是（   ）。

A. 排列法

B. 岗位参照法

C. 因素比较法

D. 评分法

答案：A

二、多项选择题

1. 进行员工背景调查的渠道主要有（   ）。

A. 通过教育部门、学校查询核实求职者的学历信息

B. 通过公安部门、街道办事处、居委会等机构查询核实求职者的身份信息

C. 通过求职者以前的工作单位了解核实求职者的工作表现、离职原因等

D. 通过医疗机构进行录用前体检，了解求职者的健康状况

答案：ABCD

2. 根据原劳动保障部《关于确立劳动关系有关事项的通知》的规定，用人单位未与劳动者签订劳动合同的，可以参照某些凭证认定双方存在劳动关系，下列凭证中由用人单位负举证责任的包括（   ）。

A. 工资支付凭证或记录

B. 考勤记录

C. "工作证"、"服务证"

D. 劳动者填写的用人单位招工招聘"登记表"、"报名表"等招用记录

答案：ABD

3. 根据原劳动保障部《关于确立劳动关系有关事项的通知》的规定，用人单位招用劳动者未订立书面劳动合同，但同时具备下列情形的，劳动关系成立（   ）。

A. 用人单位和劳动者达成了口头劳动合同。

B. 用人单位依法制定的各项劳动规章制度适用于劳动者，劳动者受用人单位的劳动管理，从事用人单位安排的有报酬的劳动

C. 劳动者提供的劳动是用人单位业务的组成部分

D. 用人单位和劳动者符合法律、法规规定的主体资格

答案：BCD

第二节　劳动合同履行与变更

第一单元　劳动合同履行管理

「**理论知识**」

一、劳动合同履行的概念和法律规定

（一）劳动合同履行的概念

劳动合同的履行，是指合同当事人双方履行劳动合同所规定义务，享受劳动合同所规定权利的法律行为。劳动合同的履行，应遵循以下原则：（1）实际履行原则；（2）全面履行原则；（3）协作履行原则。[①]

（二）劳动合同履行的相关法律规定

1. 关于劳动报酬的规定

《劳动合同法》第 30 条规定：用人单位应当按照劳动合同约定和国家规定，向劳动者及时足额支付劳动报酬。用人单位拖欠或者未足额支付劳动报酬的，劳动者可以依法向当地人民法院申请支付令，人民法院应当依法发出支付令。对于非全日制劳动者而言，《劳动合同法》第 72 条第 2 款规定，非全日制用工劳动报酬结算支付周期最长不得超过 15 日。

2. 关于加班的规定

《劳动合同法》第 31 条规定：用人单位应当严格执行劳动定额标准，不得强迫或者变相强迫劳动者加班。用人单位安排加班的，应当按照国家有关规定向劳动者支付加班费。

3. 关于安全生产的规定

《劳动合同法》第 32 条规定：劳动者拒绝用人单位管理人员违章指挥、强令冒险作业的，不视为违反劳动合同。劳动者对危害生命安全和身体健康的劳动条件，有权对用人单位提出批评、检举和控告。

4. 关于用人单位变动的规定

《劳动合同法》第 33 条规定，用人单位变更名称、法定代表人、主要负责人或者投资人等事项，不影响劳动合同的履行。《劳动合同法》第 34 条规定，用人单位发生合并或者分立等情况，原劳动合同继续有效，劳动合同由承继其权利义务的用人单位继续履行。

（1）用人单位非组织实体变动

即用人单位的非组织实体因素发生变更。此种情形下，用人单位组织实体仍然存续，与劳动者的劳动力相结合的生产资料仍然归属于原组织实体，故其履行劳动合同的能力仍然存续。故依据《劳动合同法》第 33 条规定，用人单位变更名称、法定代表人、主要负责人或者投资人等事项，不影响劳动合同的履行。但是，如果涉及劳动合同中用人单位相关信息（如用人单位变更名称、法定代表人）的修改，用

---

① 常凯：《劳动法》，高等教育出版社 2011 年版。

人单位在进行相关变更登记后，应当主动、及时修改劳动合同当事人条款中用人单位相关信息。这属于劳动合同的附随义务。

（2）用人单位组织实体变动

此种变动又可分为用人单位组织实体消灭和组织实体变更。前者是指原用人单位消灭，无新用人单位产生，如破产、解散、关闭、被撤销、拍卖等；后者是指原用人单位消灭而新用人单位产生，或者原用人单位存续且新用人单位产生。对此，根据民法中关于法人合并与分立的理论框架可以分为：①用人单位合并，即两个或两个以上的用人单位依法合并为一个用人单位。主要有两种形式：一是吸收合并，即一个或一个以上的用人单位并入另一个用人单位，并入方消灭，接纳方存续；二是新设合并，也称创设合并，即两个或两个以上的用人单位合并为一个新用人单位。②用人单位分立，一个用人单位依法分解为两个或两个以上的用人单位。也有两种形式：一是存续分立，即原用人单位将其一部分财产依协议分离出去，成立一个或一个以上新用人单位，原用人单位仍然存在；二是解散分立，即原用人单位将其全部财产依约分割后分别成立两个或两个以上新用人单位。

在用人单位组织实体消灭的情况下，其对劳动合同运行的影响因其生产资料有无归属主体而有所不同。其与劳动者的劳动力相结合的生产资料，已无归属主体的，劳动合同应当依据《劳动合同法》第44条的规定，予以终止。其与劳动者的劳动力相结合的生产资料有所归属的，又可分为两种情形：①全部或部分劳动者被其他用人单位接收，劳动者愿意与接收单位建立劳动关系的，原用人单位、接收单位、劳动者三方必须签订接收协议；接收单位可以依据接收协议与劳动者重新订立劳动合同；接收协议必须对劳动者在原用人单位的工龄作出处理，约定劳动者在原用人单位的工龄不计算为接收单位连续工龄的，原用人单位应当发给经济补偿。②劳动者未被其他单位接收或者劳动者不愿和接收单位签订劳动合同，原用人单位可以与其解除劳动合同，并按规定发给经济补偿。

在用人单位组织实体变更的情况下，对于同劳动者的劳动力相结合的生产资料来说，其归属关系相应发生了变动，即生产资料出现了新的组合结构，有的部分或全部归属于仍然存续的原用人单位，有的部分或全部归属于新用人单位。于是，劳动合同所约定的权利义务应当因其赖以实现的生产资料的归属关系变动而转移，用人单位组织实体变更后的原（新）用人单位，应当依其占有的生产资料，承继其生产资料原承载的劳动合同所约定的权利义务。故，《劳动合同法》第34条规定，用人单位发生合并或者分立等情况，原劳动合同继续有效，劳动合同由承继其权利义务的用人单位继续履行。

二、劳动合同履行的相关理论

（一）心理契约理论

"心理契约"是美国著名管理学家施恩（E. H. Schein）教授提出的，就是雇佣双方对雇佣关系中彼此对对方应付出什么同时又应得到什么的一种主观心理约定，约定的核心则是雇佣双方内隐的不成文的相互责任，本质上是对无形的心理内容的期望。心理契约是深层次触动职工情感的原因，如果心理契约受到破坏，随着员工对企业期望值和信任感的降低，情感状况也将变得一团糟。劳动合同的履行过程实际上就是一个心理契约的形成过程。对于劳动者和企业双方来讲，在劳动合同履行过程中，最重要的问题就在于如何建立起良性的心理契约，形成双方的互信机制。

（二）企业文化与劳动合同履行

企业文化对于劳动合同的履行起着非常重要的作用。首先，企业的共同愿景会对劳动者是否完全履行劳动合同产生影响。其次，企业的价值观规定了人们的基本思维模式和行为模式，是企业的伦理基准，是员工对事物共同的判定标准和行为准则。因此企业文化对于劳动者诚信履约有着非常大的影响。而积极向上的企业文化，往往蕴含着进取、诚信、合作、创新等因素，这些理念能教化人的心灵，使争先创优和诚信履约成为所有员工的共同目标。

三、劳动合同履行过程中的风险分析

（一）关键岗位劳动合同履行方案调整风险

1. 关键岗位劳动合同履行方案及其调整的含义

关键岗位的劳动合同履行方案，即关键岗位的人事安排和工作任务落实的方案。这里的劳动合同履行，从广义上理解，包括变更和中止；从岗位角度理解，包括特定岗位上所有劳动者的劳动合同履行。在此意义上，劳动合同的变更和中止，劳动定员定额的变动，都属于劳动合同履行方案的调整。关键岗位的劳动合同履行方案应遵循具体性、长期性和动态性原则。具体性原则是指履行方案中应当考虑到关键岗位任职员工的职业发展，结合员工特质进行具体设计，把关键岗位的任职员工变成企业长远发展的核心力量和人力资源库；长期性原则是指关键岗位的劳动合同履行方案应当根据该岗位的特点，结合企业发展考虑到后备员工的培养，为关键岗位的劳动合同履行涵养人力资源；动态性原则是指应当根据公司发展战略，组织结构的变化以及员工的职业发展需求，对关键岗位的劳动合同履行方案进行相应的调整。

2. 履行方案调整的原因

调整履行方案的原因主要来自以下方面：第一，职工的个人发展需要；第二，企业经营状况变化；第三，企业关键岗位人力资源供给结构变化。

（二）商业秘密泄露风险

1. 商业秘密的概念

根据《反不正当竞争法》第10条的规定，商业秘密是指不为公众所知悉、能为权利人带来经济利益、具有实用性并经权利人采取保密措施的技术信息和经营信息。

商业秘密的特征包括：

第一，经济性。即具有价值和使用价值。

第二，秘密性。这是商业秘密与专利及其他知识产权的一个最显著的区别，确定商业秘密的秘密性，最客观的标准是"不为公众所知悉"。

第三，措施性。是指权利人应对商业秘密进行管理，要采取合理的保密措施。

第四，合法性。商业秘密必须通过合法的方式原始取得或继受取得。

2. 商业秘密泄露的原因

第一，从劳动者的角度来说，由于商业秘密具有极高的经济价值，一些自律能力较差、职业道德不高的劳动者，出于对高额经济利益的追求，可能会选择出卖商业秘密。

第二，从用人单位的角度来说，内部保密制度的不完善，或与劳动者签订的保密协议存在漏洞，都有可能造成商业秘密的泄漏。

第三，从竞争对手的角度来说，获取原用人单位的商业秘密一方面能够为自己带来巨额经济利益；另一方面又能打击原用人单位，削弱其原有的竞争优势。因此某些竞争对手会不遗余力地通过各种渠道获取原用人单位的商业秘密，其中最简便的方式之一就是高薪聘请原用人单位能够接触到其商业秘密的员工。

3. 商业秘密保护的立法规定

《劳动合同法》、《反不正当竞争法》和《刑法》都对商业秘密的保护进行了规定。

《劳动合同法》第 23 条规定：用人单位与劳动者可以在劳动合同中约定保守用人单位的商业秘密和与知识产权相关的保密事项。对负有保密义务的劳动者，用人单位可以在劳动合同或者保密协议中与劳动者约定竞业限制条款，并约定在解除或者终止劳动合同后，在竞业限制期限内按月给予劳动者经济补偿。劳动者违反竞业限制约定的，应当按照约定向用人单位支付违约金。

劳动者泄漏商业秘密的，要赔偿用人单位的损失并承担侵权责任，与商业秘密泄漏有牵连的第三方要承担连带责任。具体的法律规定有以下几条：

《劳动合同法》第 90 条规定：劳动者违反本法规定解除劳动合同，或者违反劳动合同中约定的保密义务或者竞业限制，给用人单位造成损失的，应当承担赔偿责任。《劳动合同法》第 91 条规定：用人单位招用与其他用人单位尚未解除或者终止劳动合同的劳动者，给其他用人单位造成损失的，应当承担连带赔偿责任。

《反不正当竞争法》第 20 条规定：经营者违反本法规定，给被侵害的经营者造成损害的，应当承担损害赔偿责任，被侵害的经营者的损失难以计算的，赔偿额为侵权人在侵权期间因侵权所获得的利润；并应当承担被侵害的经营者因调查该经营者侵害其合法权益的不正当竞争行为所支付的合理费用。被侵害的经营者的合法权益受到不正当竞争行为损害的，可以向人民法院提起诉讼。

《刑法》第 219 条规定：有下列侵犯商业秘密行为之一，给商业秘密的权利人造成重大损失的，处三年以下有期徒刑或者拘役，并处或者单处罚金；造成特别严重后果的，处三年以上七年以下有期徒刑，并处罚金：①以盗窃、利诱、胁迫或者其他不正当手段获取权利人的商业秘密的；②披露、使用或者允许他人使用以前项手段获取的权利人的商业秘密的；③违反约定或者违反权利人有关保守商业秘密的要求，披露、使用或者允许他人使用其所掌握的商业秘密的。明知或者应知前款所列行为，获取、使用或者披露他人的商业秘密的，以侵犯商业秘密论。本条所称商业秘密，是指不为公众所知悉，能为权利人带来经济利益，具有实用性并经权利人采取保密措施的技术信息和经营信息。本条所称权利人，是指商业秘密的所有人和经商业秘密所有人许可的商业秘密使用人。《反不正当竞争法》第 10 条也做出了类似规定。

技能要求

劳动合同履行风险控制方法

（一）工资拖欠风险控制方法

第一，实行工资垫付办法，建立欠薪保障基金。

第二，加大非公有制企业工会组建力度，建立企业工资集体协商机制。

第三，政府劳动法律监督检查与工会劳动法律监督紧密结合，充分发挥工会劳动法律监督员的作用。加强社会舆论监督，增加侵权行为的曝光率。

（二）员工离职风险控制方法

第一，提高企业管理水平，建立有竞争力的薪酬激励体系，提高员工的工作满意度，增强员工的认同感和归属感。

第二，制定完善的学习培训计划，拓宽员工的晋升渠道，为员工描绘可以预期的职业生涯发展蓝图。

第三，建立监督约束机制，保留相关文件材料。用人单位应与负有保密义务的员工签订保密协议，与接受了专项培训的员工约定服务期和违约金。

（三）加班和休息休假制度争议风险控制方法

第一，综合利用非全日制、劳务派遣等用工形式，解决生产高峰和职工年休假所带来的岗位空缺和生产压力，在不增加企业基本用工人数的情况下，以灵活用工方式解决临时性的用工短缺，而不是首先选择加班来解决用工短缺问题。

第二，合理安排劳动定额，并提高基本工资水平。政府制定计件工资劳动工时的行业标准，规范计件工资制。

（四）关键岗位劳动合同履行方案调整风险控制方法

第一，劳动合同中止。所谓中止劳动合同，是指在特殊情况下，经双方协商一致，可以暂时中止劳动合同的履行，待妨碍劳动合同履行的情形消失时或约定的期限届满时，再继续履行劳动合同。这种方式可以适用于员工个人脱产学习深造、企业经营状况恶化等情况。

第二，劳动合同变更。即双方可以协商变更劳动合同的内容，包括工作岗位、工作时间、工资待遇等。这主要适用于：（1）企业经营结构发生变化，导致关键岗位性质和结构变化，不能再继续按照原方案履行；（2）企业经营状况发生重大变化，需要调整关键岗位的人员数量、任职要求等；（3）核心员工提出变更劳动合同要求并有离职可能的。

第三，增加劳动定员。即增加关键岗位的任职人员，这种方式主要适用于企业发展导致关键岗位工作量激增，需要增加人员的情形。

第四，加强员工培训。即通过员工培训，改变关键岗位员工的任职能力和人员供给数量。这适用于：（1）为企业培养关键岗位人力资源；（2）企业经营结构转型引起的关键岗位资格要求、工作内容和工作方式发生变化的。

第五，在替代性岗位使用劳务派遣。对于企业短期内无法满足的关键岗位人力资源缺口，一个迅速的解决方式，就是采取替代性岗位劳务派遣，并在派遣员工中寻求适合者，转变为直接雇用的员工。

（五）商业秘密泄露的风险控制

第一，完善保密制度。在保密制度设计上，制度内容应尽可能细化。

第二，完善保密协议。保密协议内容应当合法完备、权责清晰，一般要包括以下内容：（1）商业秘密范围；（2）保密义务和泄密行为；（3）违约责任。

第二单元　劳动合同变更管理

理论知识

一、劳动合同变更的概念

劳动合同的变更，是指当事人双方或单方依法修改或补充劳动合同内容的法律行为。它发生于劳动合同生效或成立后尚未履行或尚未完全履行期间，是对劳动合同所约定的权利和义务的完善和发展，是确保劳动合同全面履行和劳动过程顺利实现的重要手段。

根据劳动合同变更的原因，可以划分为因生产经营需要而发生的劳动合同变更以及作为解除劳动合同前置程序的劳动合同变更。

二、劳动合同变更趋向分析

（一）变更原因的结构

劳动合同的变更主要分为协议变更和单方变更。在分析协议变更时，应关注以下问题：谁提出的变更请求、提出变更请求的原因或动机、变更内容主要涉及哪些方面、是否达成一致、未达成一致的原因是什么、哪一方的损失更大等，从中发现问题。在分析单方变更时，应注意单方变更的后果分析，从而寻求用人单位改进的空间。

（二）变更与解除关系

在分析变更与解除的关系时，应当区分提出变更的动机与解除结果之间的关系和变更结果与解除之间的关系。也就是说，需要分清两种情况：一种情况是提出变更，就是为了能够在对方不同意的情况下解除劳动合同；另一种情况是本来双方都希望劳动合同能够继续履行，但是一方的变更使对方觉得不合理，导致没有接受或没完全接受，最终导致了劳动合同的解除。

上述分析的结果主要是用于企业调整管理方式和管理制度，并作为合理化的依据。

【技能要求】

劳动合同变更风险的控制

通常情况下，当劳动合同的任何一方提出变更要求时，如果另一方不接受的话，则极有可能导致劳动合同的解除或终止。在这种情况下，用人单位如果是出于生产经营需要对劳动者调职的，应当事先充分考虑劳动者接受变更条件的可能性以及可能存在的困难。而在劳动者提出变更的情况下，用人单位应当考虑本单位的岗位和用人需求选择是否接受变更提议以及接受提议的范围。

此外，某些特殊情形下的变更方案应注意以下问题：（1）劳动者患病或者非因工负伤而在规定的医疗期满后不能从事原工作的岗位调整，应当与劳动者的身体状况相适应，即调整后的岗位在劳动强度上应当低于以前，在专业技术要求上应当为劳动者所能胜任。（2）"劳动者不能胜任工作的"岗位调整中，由于劳动者是因为工作能力，包括体能和技术不能胜任原工作，因此，调整后岗位的体能和技术等劳动能力要求不应当高于原来的工作岗位。（3）"劳动合同订立时所依据的客观情况发生重大变化，致使劳动合同无法履行"，是指据以订立劳动合同的履行劳动合同所必要的客观条件，如自然条件、原材料或能源供给条件、生产设备条件、产品销售条件、劳动安全卫生条件等，由于不可抗力、企业迁移、合并、分立、资产重组、产业转型、技术改造等原因，发生了足以使劳动合同不能履行或不必要履行的变化。在这种情况下的岗位调整应当考虑到劳动者的工作岗位、劳动能力，调整后的岗位应当与调整前的岗位具有相关性或相似性。而且在工作岗位的内容发生根本性变化的时候，应当为劳动者提供必要的技术培训，从而使劳动者能够胜任变更后的工作。

辅导练习题

一、单项选择题

1. 下列关于劳动合同履行的做法中，正确的是（   ）。

   A. 甲公司在与员工的劳动合同中约定，由甲公司安排加班的，甲公司依法向劳动者支付加班费，但如果是劳动者自愿加班的，甲公司不支付加班费

   B. 小李是一名建筑工人，在某次作业中，为了不耽误工程进度，工头在安全防护措施尚未到位的情况下要求小李进行高空作业，小李予以拒绝，从而导致工程未能如期完成

   C. A 公司与 B 公司合并成立 C 公司，C 公司人力资源部宣布原 A 公司和原 B 公司与各自员工签订的劳动合同失效，所有老员工应与 C 公司重新签订劳动合同

   D. 张某 2 月份的应发工资为 6000 元，用人单位以生产效益不好为由，仅支付张某 2 月份工资 3000 元，但承诺剩余部分以奖金的形式于年底发放

   答案：B

二、多项选择题

1. 下列关于劳动合同履行的说法中，错误的是（   ）。

   A. 用人单位的法定代表人发生了变更，不影响劳动合同的履行

   B. 用人单位可以与劳动者签订自愿加班协议，劳动者自愿加班的，用人单位不支付加班费

   C. 劳动者在工作中，遇到用人单位管理人员违章指挥的，为了保证工作及时完成，应按照管理人员的指令进行操作，但在事后，劳动者有权对其提出批评、检举和控告

   D. 用人单位发生合并或者分立等情况，原劳动合同继续有效，劳动合同由承继其权利义务的用人单位继续履行

   答案：BC

2. 下列选项中，属于商业秘密特征的是（   ）。

   A. 经济性

   B. 秘密性

   C. 措施性

   D. 合法性

   答案：ABCD

第三节 劳动合同解除与终止

第一单元 劳动合同解除管理

『理论知识』

一、劳动合同解除的概念和类型

（一）劳动合同解除的概念

劳动合同的解除是指劳动合同依法订立之后，尚未全部履行之前，因一定法律事实的出现，合同双方当事人或一方当事人依法提前终止劳动合同的法律效力的行为。[①]

要准确理解劳动合同解除这一概念，需要把握以下几点：（1）被解除的劳动合同必须是有效的劳动合同，这是解除劳动合同的基础。（2）解除劳动合同的行为必须发生在被解除的劳动合同依法订立以后，尚未全部履行之前。（3）劳动合同的解除可以是当事人双方的法律行为，也可以是单方的法律行为。（4）劳动合同解除的实质是提前终止合同的法律效力，使当事人之间的劳动关系提前终止。

（二）劳动合同解除的类型

劳动合同的解除，按照合同解除的方式不同，可分为协议解除和单方解除；单方解除因提出人的不同分为用人单位单方解除和劳动者的单方解除；按照单方解除是否需要提前通知对方当事人分为预告解除和即时解除。

二、经济性裁员

（一）经济性裁员条件的确认

1. 经济性裁员的实体性条件

根据《劳动合同法》的规定，用人单位在实施经济性裁员时至少要满足下述情形之一：

（1）依照用人单位破产法规定进行重整的

重整，是指不对无偿付能力债务人的财产立即进行清算，而是在法院主持下制定重整计划，由债务人与债权人达成协议，规定在一定期限内，债务人按一定方式全部或部分清偿债务，同时债务人可以继续经营其业务。因重整而经济性裁员时，用人单位要符合《企业破产法》关于重整的实体和程序性规定。依照用人单位破产法的规定，在三种情形下，债务人或者债权人可以向人民法院申请对债务人进行重整：一是用人单位法人不能清偿到期债务，并且资产不足以清偿全部债务；二是用人单位法人不能清偿到期债务，并且明显缺乏清偿能力的；三是用人单位法人不能清偿到期债务，并且有明显丧失清偿可能的。另外，根据《企业破产法》第70条第2款的规定，债权人申请对债务人进行破产清算的，在人民法院受

[①] 王昌硕：《劳动法学》，中国政法大学出版社1999年版。

理破产申请后、宣告债务人破产前，债务人或者出资额占债务人注册资本十分之一以上的出资人，可以向人民法院申请重整。

（2）生产经营发生严重困难的

何谓"生产经营发生严重困难"，法律没有明确的规定。根据《关于〈劳动法〉若干条文的说明》第27条的规定，"生产经营状况发生严重困难"可以根据地方政府规定的困难用人单位标准来界定。因此对于"生产经营发生严重困难"的界定，需要结合本地政府的规定进行。

（3）用人单位转产、重大技术革新或者经营方式调整，经变更劳动合同后，仍需裁减人员的

在用人单位生产经营过程中，用人单位为了寻求生存和更大发展，必然要进行结构调整和整体功能优化，这些方式包括用人单位转产、重大技术革新和经营方式调整。此种情况下进行经济性裁员的，首先应采用变更劳动合同的方法，如果变更劳动合同后还不能解决问题的，才可以经济性裁员。

（4）其他因劳动合同订立时所依据的客观经济情况发生重大变化，致使劳动合同无法履行的

何谓"劳动合同订立时所依据的客观情况发生重大变化"，法律并没有做出明确的规定，实务部门一般的认定标准是：发生不可抗力或出现致使劳动合同全部或部分条款无法履行的其他情况，如用人单位迁移、被兼并、被上级主管部门撤销等致使劳动合同无法履行或无法完全履行的情况。

2. 经济性裁员的程序性条件

（1）一次性裁减的人员数量或比例达到法定标准

经济性裁员必须达到裁减人员20人以上或者裁减不足20人但占用人单位职工总数10%以上的标准。用人单位规模较大的，可以采用20人以上的标准；用人单位规模较小的，可以采用占用人单位职工总数10%以上的标准。一次性解除一定数量的劳动合同，是经济性裁员的前提，没有达到法定标准的，就不能以经济性裁员的实体条件为由成批解除劳动合同，用人单位只能按照《劳动合同法》第36、39、40条的规定单个解除劳动合同。

（2）履行公示义务

由于经济性裁员涉及较多劳动者的权益，为便于工会和劳动者了解裁减人员方案及裁减理由，获得工会和劳动者对经济性裁员行为的理解和认同，用人单位必须提前30日向工会或者全体职工说明情况，并听取工会或者职工的意见。

用人单位需要说明的情况主要是有关生产经营状况的资料和裁减人员方案。按照1994年劳动部用人单位经济性裁减人员规定（劳部发〔1994〕447号）第4条规定，裁减人员方案的内容包括：被裁减人员名单，裁减时间及实施步骤，符合法律、法规规定和集体合同约定的被裁减人员经济补偿办法。

实践中，听取职工意见可以有多种形式，如座谈会、设置意见箱、部门负责人收集意见等。

（3）上报行政部门

正式的裁减人员方案需要向劳动行政部门报告，以使劳动行政部门了解裁减情况，必要时采取相应措施，防止出现意外情况，监督经济性裁员合法进行。

（4）依法办理手续

由用人单位正式公布裁减人员方案，与被裁减人员办理解除劳动合同手续，按照有关规定向被裁减人员支付经济补偿，并出具裁减人员证明书。

（二）经济性裁员对象的确认

依法确定裁员对象包括两个方面的工作，第一步要确定不可以裁减的人员。根据《劳动合同法》第42条的规定，劳动者属于下列人员之一的，用人单位在经济性裁员时不得将其裁掉：（1）从事接触职业病危害作业的劳动者未进行离岗前职业健康检查，或者疑似职业病病人在诊断或者医学观察期间的；

（2）患职业病或者因公负伤并被确认丧失或者部分丧失劳动能力的；（3）患病或负伤，在规定的医疗期内的；（4）女职工在孕期、产期、哺乳期的；（5）在本单位连续工作满 15 年，且距法定退休年龄不足 5 年；（6）法律、法规规定的其他情形。

在确定了不可裁减人员之后，第二步就是要确定依法应当优先留用的人员。《劳动合同法》实施后，要求用人单位经济性裁员时，不能仅仅靠调整员工结构来增强经营能力，还要承担相应的社会责任，即优先保护对用人单位贡献较大、再就业能力较差的劳动者。《劳动合同法》第 41 条第 2 款规定了三类应当优先留用的劳动者，即用人单位裁员时应优先留用与本单位订立较长期限的固定期限劳动合同、无固定期限劳动合同的劳动者以及家庭无其他就业人员，有需要扶养的老人或者未成年人的劳动者。

（三）被裁减人员优先招用

根据《劳动合同法》第 41 条第 3 款的规定，用人单位在 6 个月内需要新招人员的，首先应当履行对被裁减人员的通知义务，并且在同等条件下优先录用被裁减的人员。

优先招用被裁减人员对被裁减人员是一种保护，但对其他未就业者又是一种限制。为了更好的平衡被裁减人员、未就业者及用人单位的合法权益，《劳动合同法》对被裁减人员的优先就业权作了限制，即强调在同等条件下的优先权。用人单位在操作时，可以以"无明显差距"来作为判断"同等条件"的标准，即如果被裁减人员各方面条件与其他劳动者的条件没有明显差距的，用人单位就应当优先招用被裁减的人员。

还应当注意的是，6 个月内新招人员的，用人单位还应当向当地劳动行政部门报告录用人员的数量、时间、条件以及优先录用被裁减人员的情况。

（四）经济性裁员方案的评估

评估用人单位的经济性裁员方案应从以下三个方面入手：

第一，经济性裁员的合法性。

第二，经济性裁员是否值得由单个预告辞退替代。这主要需要从以下方面进行利弊比较：（1）裁员和预告辞退的法定许可性条件和禁止性条件比较，看哪一个更便利实施；（2）从程序看，哪一个更为便利；（3）从后果看，哪一个对于用人单位的负面影响最小。

第三，经济性裁员对本用人单位的影响。主要考虑以下三个方面的问题：（1）裁员是否有利于增效；（2）裁员是否有利提高劳动积极性；（3）裁员成本的大小。

第四，经济性裁员对劳动力市场的影响。在这方面主要需要注意的就是裁减人员进入劳动力市场后的再就业问题评估，即裁减人员的就业能力问题。

四、劳动合同解除的相关理论分析方法和评估方法

（一）典型案例分析方法[①]

典型案例分析包括个案研究和社区研究。

个案研究即对一个人、一个事件、一个社会集团或一个社区所进行的深入全面的研究。个案研究的方式对于深入实地研究一个特定的单位，或者是为着比较的目的而研究几个单位来说特别有用。在个案研究的单位不同时，采取的具体方法也会有所不同。

---

① 风笑天：《社会学研究方法》，中国人民大学出版社 2011 年版。

当研究的个案是一个社区或者是一个集合时，通常又称为社区研究。社区研究中，研究者通常采用观察、访谈，以及收集当地现有文献等方法来收集资料。

（二）人员素质评估方法

1. 素质的定义

素质是内在于人体之中的一种基质，是个体那些完成特定工作或活动所必须具备的基本条件与基本特点，它体现在每个人的行为和绩效之中。素质是绩效与发展的内在基础，而绩效与发展是素质的外在表现。

素质包括心理素质、品德素质、能力素质、文化素质、身体素质五个大的方面，也有人将它划分德、识、才、学、体五要素。

2. 人员素质评估

人员素质测评，是指测评主体从特定的人力资源管理目的出发，运用各种测量技术，收集受测人在主要活动领域中的表征信息，对人的素质进行全面系统的评价，以求对人有客观、全面、深入的了解，从而为人力资源开发和管理提供科学的决策依据。

人员素质测评由两部分组成：一是测评主体采用科学的方法，收集被测评者在主要活动领域中的表征信息；二是采用科学的方法，针对人力资源管理的某一目标做出量值与价值判断，或者直接从表征信息中引发与推断出某些素质特性。

人员素质评估的特点是：（1）人员素质测评主要是心理测量，而不是物理测量。（2）人员素质测评是抽样测评，而不是具体测量。（3）人员素质测评是相对测量，而不是绝对测量。（4）人员素质测评是间接测量，而不是直接测量。

（三）绩效评估方法

企业员工的绩效评估是按照一定的标准，采用科学的方法，检查和评价企业员工对职务所规定的职责的履行程度，以确定其工作成绩的一种有效的管理方法。绩效评估对员工和企业都有大的功用。对员工来说，首先考评能对员工产生一定的心理效应，起到激励、督促和导向的作用。同时，正确的考评还是一面旗帜，指引员工前进的方向，是员工通过考评产生一种"见贤思齐，见不贤而内自省"的心理效应。对于企业来说可以通过绩效考评，为各项人事管理提供一个公平、客观的标准，并依据这个考评的结果决定员工的晋升、奖惩、调配等。企业也可以根据考评的结果，对不合格的员工进行有针对性的培训。

根据国内外企业管理的实践，绩效考核应坚持以下原则：第一，客观公正的原则，即考核应坚持定性与定量相结合的方法；第二，多层次、多渠道、全方位考核的原则；第三，考核经常化、制度化的原则。

（四）人岗匹配评估方法

人岗匹配的过程可以分为四大步骤：

1. 准备工作

首先，进行岗位分析与岗位评估，分析岗位职责与基本任职条件，并确定职位等级。

其次，画出职位发展通道。根据岗位评估得到的职位等级，对岗位进行分层，并按岗位的性质和工作要求将岗位划分为不同的类别。

2. 开发任职资格标准

一般来说，任职资格标准的主要内容包括知识、技能、经验与成果三个方面，另外各个级别应有相关描述。

3. 任职资格评价

任职资格评价是人岗匹配的最关键的一步。任职资格评价的方法有许多，对于知识和经验，一般采用测试、答辩等方法；对于技能，一般采用行为事件、鉴定等方法；对于成果，一般采用产品、第三方证词、绩效成绩、工作报告等方法。目前企业的任职资格评价使用较为普遍的方法是答辩法。通过对员工进行任职资格评价，得到个人的评价结果，根据评价结果，可以计算员工与该岗位的匹配度。

4. 结果应用

根据上述得到的匹配结果，可以将员工划分为相应的类别。例如，某企业将经过评估的人员分为"直接对应上岗、答辩竞聘上岗、低聘转岗退出"三个类别，分别进行相应的人事操作。

【技能要求】

一、劳动合同解除的疑难问题解答

（一）协商解除与辞职如何区分

劳动者提出协商解除劳动合同的动议和通知用人单位解除劳动合同如何进行区分，主要从劳动者提交的书面材料上的用语进行区分。如果劳动者表达的是协商离职的意愿，即用"申请"的口吻，则可以认定为是提出协商解除劳动合同的动议；如果劳动者表达的是单方离职的意愿，即用"通知"的口吻，只是告知用人单位而已，即便用人单位不同意也无关紧要，则是行使单方解除劳动合同的权利。

（二）用人单位违法解除劳动合同的法律后果

《劳动合同法》加重了用人单位违法解除劳动合同的责任和成本，如果用人单位被认定违法解除劳动合同的，那么由劳动者选择劳动关系是否恢复。若劳动者要求继续履行劳动合同的，用人单位应当继续履行；如果劳动者不要求继续履行或者劳动合同已经无法继续履行的，用人单位应按经济补偿的双倍支付劳动者的赔偿金。

需要指出的是，用人单位违法解除劳动合同，容易引发劳动争议。在劳动争议处理期间，劳动者通常不会提供正常劳动。如果用人单位解除劳动合同的行为最后被认定为违法，而劳动者又选择恢复劳动关系的话，用人单位就需要支付劳动者从违法解除之日到恢复劳动关系之日的劳动报酬。

二、用工调整方案的撰写以及经济性裁员方案的实施

（一）用工调整方案的撰写

在企业发生战略转变或经营困难的时候，用工方案的调整非常重要。主要的调整内容包括：1. 用工规模、用工方式的调整；2. 薪酬方案的调整；3. 安排员工转型培训。

（二）经济性裁员方案的实施

经济性裁员方案的实施应包括以下流程：

1. 人力资源部门在与企业负责人和职能部门负责人充分沟通的基础上制作裁员方案；

2. 企业主要负责人召集讨论确定裁员方案；

3. 提前30天，向工会或全体职工说明情况，并听取意见；

4. 向劳动行政部门报告；

5. 实施裁员、支付补偿金；

6. 6个月内重新招工的，通知被裁人员；

7. 6个月内重新招工的，向劳动行政部门报告录用情况，录用人数以及优先录用被裁减人员的情况。

第二单元　劳动合同终止管理

理论知识

一、劳动合同终止的概念

劳动合同终止是指劳动合同的法律效力依法被消灭，即劳动关系由于一定法律事实的出现而终结，劳动者与用人单位之间原有的权利义务不再存在。

二、劳动合同终止与解除的概念辨析

劳动合同的终止与解除，是劳动合同效力和劳动合同关系消灭的两种形式。二者的区别在于：（1）阶段不同。终止是劳动合同期满、目的实现或当事人资格丧失而终止，是劳动关系的正常结束。而解除是劳动合同的提前消灭，对于定期劳动合同而言，是在合同的目的尚未完全实现之前，并且合同当事人仍具有法律资格时终止。（2）劳动关系消灭的条件不同。终止是在一定的法律事实出现后无需当事人双方合意或任何一方专门作出终止劳动合同的意思表示，只需当事人在具备终止的法定事由时无延续劳动关系的意思表示即可。而解除需当事人依法作出提前消灭劳动合同关系的意思表示，即需经当事人双方协商一致或一方当事人依法行使解除权，即使具备了劳动合同解除的条件而无合同当事人解除劳动合同的意思表示的，劳动合同仍未解除。（3）预见性不同。法律规定的终止期限具有现实性，到期一定会发生；而法律规定的解除条件只是一种可能性，可能会出现，也可能不出现。

三、劳动合同终止的法律规定

（一）终止的事由

根据《劳动合同法》以及《劳动合同法实施条例》，劳动合同终止的事由包括：

1. 劳动合同期满；

2. 劳动者达到法定退休年龄或丧失劳动能力而办退休手续，开始或依法享受基本养老保险待遇；

3. 劳动者死亡，或者被人民法院宣告死亡或者宣告失踪；

4. 用人单位被依法宣告破产；

5. 用人单位被吊销营业执照、责令关闭、撤销或者用人单位决定提前解散；

6. 法律、行政法规规定的其他情形。

这表明，劳动合同终止的事由只可法定，而不可约定。

（二）延期终止的事由

根据《劳动合同法》的规定，存在下列情形之一的，劳动合同应当续延至相应的情形消失时终止。

1. 从事接触职业病危害作业的劳动者未进行离岗前职业健康检查，或者疑似职业病病人在诊断或者医学观察期间的。

2. 在本单位患职业病或者因工负伤并被确认丧失或者部分丧失劳动能力的。

3. 患病或者负伤，在规定的医疗期内的，即患普通病或者非因工负伤者，应当续延至规定的医疗期届满时终止。

4. 女职工在孕期、产期、哺乳期的。即女职工的劳动合同如果在孕期、产期、哺乳期内期限届满的，应当分别续延至规定的孕期、产期、哺乳期届满时终止。

5. 在本单位连续工作满 15 年，且距法定退休年龄不足 5 年的。

6. 法律、行政法规规定的其他情形。例如，根据《工会法》（2001 年修订）第 52 条和《集体合同规定》（2004 年）第 28 条的规定，工会工作人员、职工一方协商代表应当分别续延至任工会职务期满或任协商代表期满时终止。

技能要求

一、劳动合同终止的风险控制

劳动合同的终止风险主要是指用人单位违法终止劳动合同所要面临的法律后果。

预防违法终止劳动合同的主要措施有：

（1）加强劳动法律监督，依法追究用人单位的违法责任。

（2）加强对于用人单位的宣传，增强企业签订无固定期限劳动合同的主动性。

（3）加强企业社会责任意识。

二、劳动合同争议的防范与处理对策

劳动合同的解除与终止是极容易发生劳动争议的一个环节。用人单位应提前做好应对措施：

第一，做好证据的收集和整理工作。

第二，选择合理的劳动争议处理方式，尽量将争议的影响范围、持续时间和损失降到最低。

辅导练习题

一、单项选择题

1. 根据《劳动合同法》的规定，下列情形中，劳动者可以立即解除劳动合同，不需要事先告知用人单位的是（   ）。

　　A. 用人单位未按照劳动合同约定提供劳动保护或者劳动条件的

　　B. 用人单位以暴力、威胁或者非法限制人身自由的手段强迫劳动者劳动的

　　C. 用人单位未及时足额支付劳动报酬的

　　D. 用人单位未依法为劳动者缴纳社会保险费的

　　答案：B

2. 下列选项中，不属于《破产法》规定的债务人或者债权人可以向人民法院申请对债务人进行重整的情形的是（   ）。

    A. 用人单位法人不能清偿到期债务，并且资产不足以清偿全部债务

    B. 用人单位法人不能清偿到期债务，并且明显缺乏清偿能力的

    C. 用人单位法人不能清偿到期债务，并且有明显丧失清偿能力可能的

    D. 用人单位法人不能清偿到期债务，但仍具有一定的清偿能力的

    答案：D

3. 下列选项中，不属于劳动合同解除与终止的区别的是（   ）。

    A. 阶段不同

    B. 主体不同

    C. 劳动关系消灭的条件不同

    D. 预见性不同

    答案：B

二、多项选择题

1. 下列关于人员素质测评特点的说法中，正确的是（   ）。

    A. 人员素质测评主要是物理测量，而不是心理测量

    B. 人员素质测评是抽样测评，而不是具体测量

    C. 人员素质测评是绝对测量，而不是相对测量

    D. 人员素质测评是间接测量，而不是直接测量

    答案：BD

集体协商与集体合同

1. 掌握集体协商与集体合同的内容、程序和联动机制。
2. 理解区域性与行业性集体协商筹备、集体合同订立的相关知识、技能。
3. 了解区域性与行业性集体合同履行的原则和履行情况的分析方法。

第一节　集体协商概述

第一单元　用人单位集体协商机制

理论知识

一、集体协商机制概述

集体协商是指职工方的代表与用人单位（企业方面代表）为签订集体合同或专项集体合同进行商谈的行为。

集体协商机制是职工方代表（一般为工会）与用人单位（企业方面代表）就涉及职工权利的事项，为达到一致意见而建立的沟通和协商解决机制。工资集体协商是工会代表职工方与用人单位（企业方面代表）依法就工资分配制度、工资分配形式、工资收入水平等事项进行平等协商，形成劳动关系双方共同参与的工资共决机制，是集体协商的主要内容。

集体协商机制主要包含两项基本制度：一项是集体协商制度（也称平等协商制度）；另一项是集体合同制度。

集体协商制度是指工会代表职工方与用人单位（企业方面代表）为签订集体合同或专项集体合同进行商谈的制度。其基本内容主要包含四个方面：集体协商原则、规则；集体协商代表产生及权利与义务；集体协商形式、程序、内容及结果；集体协商争议处理。

集体合同制度是指工会代表职工方与用人单位（企业方面代表），就劳动关系有关利益事项，通过集体协商签订书面协议，以及履行和处理集体合同争议过程中需要共同遵守的办事规程和行动准则。

其基本内容主要包含六个方面：集体合同要约规则；集体合同订立程序、规则；集体合同（草案）通过规则；集体合同送审及生效规则；集体合同履行、监督检查规则；集体合同违约责任及争议处理规则。

二、国外集体协商制度[①]

（一）国外集体协商的发展概述

集体协商（谈判）制度是伴随着资本主义市场经济成长和劳工运动蓬勃兴起而发展起来的，现已成为国外市场经济国家协调劳动关系的一种普遍适用的调整机制。

集体协商（谈判）和集体合同制度的发展并不是一帆风顺的，经历了从禁止到承认和受法律保护的历程。随着经济全球化和自由主义经济的日益盛行，自20世纪90年代以来，主要工业化国家的集体谈判出现了分散化趋势。经济全球化下企业对竞争力和灵活性的要求增加，工会会员数量下降，企业劳动关系出现个别化趋势，这些因素使得集体谈判面临着新的挑战，谈判层级和谈判内容都在相继发生变化。

虽然一些国家工会组织率确实在下降，然而集体代表性和集体谈判的框架并未动摇，几乎四分之三的工人都由集体谈判所覆盖。为了对抗雇主的集中力量，一些国家如法国和比利时的工会还开始重新寻求政府的介入。在工会集中度高、代表性强的地方，工会往往能更为自信地接受集体谈判的分散化趋势。

在推行集体谈判制度的过程中，国际劳工组织发挥了积极作用。1944年第26届国际劳工大会在《费城宣言》中提出了"切实承认集体谈判权利"的要求。第二次世界大战结束后，国际劳工组织通过了一系列推动集体谈判的文件，包括1949年的《组织权利和集体谈判权利公约》（第98号公约）、1951年的《集体协议建议书》（第91号建议书）、1971年的《工人代表公约》（第135号公约）、1981年的《促进集体谈判公约》（第154号公约）和同名的建议书（第163号建议书）。这些公约和建议书规定了集体谈判的概念、原则、地位和实施办法。20世纪80年代以来，国际劳工组织基于全球一体化的发展趋势，提出创造协调劳动关系新机制，履行国际劳工标准，共同制定经济与社会发展规划的新思想。越来越多的国家接受了国际劳工组织的建议，建立了包括集体谈判制度在内的社会伙伴、社会对话和社会合作的新机制。

（二）国外集体谈判的类型和特点

1. 国外集体谈判的类型

目前，西方主要市场经济国家集体谈判类型一般分为三种：一是国家级的，由全国总工会同雇主协会谈判，这种类型的集体谈判主要集中在比利时、芬兰和爱尔兰等国家；二是产业（行业）级的，由全国性产业工会同相应的产业雇主组织进行谈判，主要集中在西欧和北欧，包括德国、奥地利、荷兰、意大利、西班牙、希腊、挪威和瑞典等国家；三是企业级的，由企业的工会同企业的雇主进行谈判，形式包括工厂或者工作场所的谈判以及像英国一些地方出现的车间或部门的谈判。

近年来，许多国家集体谈判的重心逐渐向企业转移。全国性集体谈判签订的协议倾向针对一些主要的、普遍性的问题做出规定，具体内容则由产业或企业的集体合同体现。

随着政治经济格局等变化的影响，集体谈判在类型方面也相应发生着变化：首先是跨国公司规模的不断扩大，集体谈判出现国际化趋势，即从一个国家范围衍生到全球范围；其次是集体谈判重点从"工资"转向"工作时间"；再次是集体谈判结构从"集中"向"分散"转化。

---

① 中华全国总工会组织部：《全国工会工资集体协商培训教材》，中国工人出版社2011年版。

2. 国外集体谈判的主要特点

（1）定期举行

在遵循所在国有关法律、法规的基础上，每1—4年（各国规定不同）举行一次，其中单纯的工资集体谈判每年举行一次。

（2）工会主导

集体谈判是由工会组织方面提出，并在工会组织提出的方案基础上进行。工会组织的准备工作主要是对社会经济发展情况、产业和企业经济发展情况、职工工资等情况进行深入细致的分析和预测，以确定工会方集体谈判的目的和要求。

（3）内容广泛

所确定的谈判事项主要有：①个别劳动关系事项，如工资、工时、公休假、劳动安全卫生、保险、录用、安置、解雇、企业福利等；②集体劳动事项，如工会办公室的设立、（工会）通知栏的安放、企业设施的使用、工作时间内工会活动的安排等。每一次集体谈判都有不同的主题。

（4）形式多样

通过集体谈判达成的集体协议分为定期和不定期的两种，定期的集体协议有效期最多为5年。集体协议解除或到期后，没有新的集体协议产生之前，原有的集体协议继续有效，但有效期最多不超过1年；其中企业发生变更（合并、转让、分开），新的集体协议签订之前，原有的集体协议只对原有的那些工人继续有效，但最多不超过1年。

（5）层级分明

集体谈判分别在国家、行业（产业）和企业三个层面进行。国家级集体谈判达成的集体协议内容看似原则，但具有较强的约束力，等同于法律，在事实上起到了法律规范的作用（英国除外）。行业集体谈判以国家级集体协议为基础和前提，达成的集体协议作为行业的自主法律，起着全面规范劳动关系的作用。企业级的集体谈判以国家、行业级集体协议为基础和依据，企业的许多问题通过企业集体谈判得到解决。

（三）部分国家集体谈判的模式

1. 美国

美国是传统的自由市场经济国家，集体谈判在美国经济发展过程中占有重要的地位。美国早期的劳动工资主要由劳动力市场供求决定。19世纪末期美国工人运动的兴起和行业工会的建立，逐渐改变了资方在劳动工资博弈中始终占据明显上风的状况，特别是工会代表产业工人开展的集体谈判加大了劳方在工资谈判上的砝码，推动了工资福利的有限提高和劳动条件的改善。20世纪30年代罗斯福"新政"通过了一系列保护劳工权益的法案，首次承认工会和劳工集体谈判的合法性，此后政府越来越多地参与劳动工资博弈，逐步奠定了美国现代工资福利决定机制的基础。

1935年美国国会通过《全国劳动关系法》正式承认工会的合法地位，并允许大部分私营部门员工开展集体谈判。集体谈判的核心内容是提高工人工资、福利待遇和改善劳动条件。不少企业将争取3—4年的工资持续增长作为集体谈判的主要目标，进入21世纪以来谈判内容越来越多地涉及工人培训和参与管理等内容。

近年来，几大因素使美国劳工阶层在劳资博弈中再次处于下风。一是美国产业结构的调整使就业结构和劳动者收入状况发生较大变化：制造业外移造成产业工人数量大幅减少；工人技能差异扩大和员工持股增加等因素造成劳工阶层收入两极化，弱化了工人的整体凝聚力；灵活就业方式的出现加大了工会组织的难度。二是经济全球化使企业主有了更多的投资选择和谈判筹码。三是大量合法和非法移民（拉美裔为主）的流入使普通劳动者面临更加严峻的竞争。与之相应的是，美国工会出现一系列新变化：一是工会会员人数持续下降，二是劳资谈判高度分散化，三是罢工数量和规模明显下降。

尽管按美国法律规定，78%雇员享有集体谈判的权力，但由于工会组织程度不高，实际行使集体谈判权利的雇员比重远低于此。美国集体谈判占工资合同的比率比工会覆盖率略高两个百分点，即不会超过15%，是发达国家中最低的，这也是美国社会收入差距不断扩大的重要原因。

工会主导的集体谈判在不同程度上确保了美国工人工资的稳定增长，但美国社会对工会和集体谈判的作用始终存在很大争议。支持者认为集体谈判是实现体面劳动和社会公平的重要途径。反对者则认为，集体谈判往往造成企业生产经营成本增长过快，影响了美国产业和整体经济的竞争力。

2. 德国

德国是较早推行集体谈判的国家，经过近百年的发展，已经形成了较为完整的集体谈判法律体系以及相应的集体谈判制度。

德国社会市场经济体制将雇主和雇员的关系定义为"社会伙伴关系"，双方的组织分别为工会和雇主联合会。这两个组织的主要任务是代表各自会员的利益，通过对话形式解决劳资纠纷，维护劳资关系平衡。

德国民法典对劳资双方的权利义务做了原则性的规定。此外，德国还制定了70多部全国性法律法规，规范雇主与雇员间的关系。劳资谈判一般按照行业进行组织，每隔一段时间，雇主协会与工会组织代表开展劳资谈判，达成劳资协议。多数协议都会使劳资双方的权益达到平衡，协议对劳资双方具有强制约束力。

德国劳资关系的显著特征是利益集团高度组织化，参与协商谈判程度较高。这种"集体合同制"可以起到三个作用：一是保护作用，二是合理化作用，三是保持和平作用。

集体谈判取得结果时，双方将同意的各要点条文化，产生新的集体合同草案，交由各集体合同委员会决定，如委员会批准，草案便正式定案，作为新的协议。如委员会认为不妥，则将草案发给工人，请他们进行书面记名投票，如获75%以上的投票工人支持，新协议草案就算通过，为该工会所接受，正式与雇主协会签订生效。

德国的社会市场经济制度框架和模式决定了劳资关系的伙伴特点，从而使工会在劳资关系中拥有很大的发言权，工会在国家政治和经济中获得了制度化的地位。

3. 法国

法国是市场经济十分发达的资本主义国家，但是法国的集体谈判和劳资协议制度不像其他西欧国家那样具有悠久的传统和严密的体系，带有很大的分散性和相当的随意性。

法国实行集体谈判制度有四项基本原则：一是依法推行的原则，二是标准有利于职工的原则，三是谈判是职工的一项权利的原则，四是工会作为职工利益的代表的一方参加集体谈判的原则。目前，就这四项基本原则，资方正千方百计予以更改和否定。

法国的集体谈判适用于所有企业，包括工业、商业、使用雇工的农业，适用于所有的职工，包括自由职业者、律师机关办事处、家务佣人、房屋看管人、家庭工人等。

法国的集体谈判分为三级：

一是由国家机关部门代表（劳工部长、国民经济部长、国务委员会社会司长）、受雇者代表（五个全国级工会按规章组成）、雇主代表（法国雇主会主要有三家，即雇主协会、中小企业雇主协会、手工业雇主协会）三方进行谈判。谈判的重要内容是：研究是否扩展集体协议以及扩展哪些内容，研究常规预算结构并以此作为工资增长的基础，研究基本的工资增长趋势等。

二是全国产业、行业一级的集体谈判，由各产业工会与各资方组织进行谈判，谈判时全国级劳资双方均可派人参加。

三是企业一级的集体谈判，在全国产业、行业签订协议后开始谈，自上而下，以国家一级已经签订的集体协议为依据。政府不干预集体谈判，经谈判签订的集体协议也不报政府审核，政府设立一个集体谈判全国委员会，主要任务是总结经验，指导谈判，负责立法。但对拒不签订集体协议的部门和地区，法国劳工部长可以发布命令，宣布这个部门和地区实行同类部门和地区的集体协议。法国设立"仲裁委员会"，由劳资双方组成，对个人与企业、工会与企业以及集体谈判中发生的争议进行仲裁，如仍解决不了问题，由仲裁委提交法院审理。

法国企业职工集体协议分定期和不定期两种，定期的最多为 5 年。集体协议解除或到期后，没有新的集体协议产生之前，原有的集体协议继续生效，但最多不超过 1 年；企业发生变更（合并、转让、分开等），新的集体协议又未签订，则对原来那些工人继续有效，但最多不超过 1 年。

4. 瑞典

瑞典的集体谈判是随着 19 世纪下半叶工业革命的发展而出现的，经过一百余年的发展变迁，形成了自己的特色。

一是谈判双方的组织化、集体化程度都较高。在瑞典，主要有三大工会：主要由蓝领工人构成的瑞典工会联合会、主要由白领工人组成的瑞典职员中央组织和主要由知识分子构成的瑞典专业人员中央组织。与之相适应，瑞典的私营企业的雇主大多都参加同一个雇主组织，即雇主联合会，由 35 个雇主协会组成，大约有 4.2 万个公司。雇主一般都通过雇主组织与工会谈判，很少单个同工会进行谈判。

二是谈判的结构高度集中。20 世纪 80 年代以前，集体谈判的决定权在劳资双方组织的中央一级手中，产业和企业一级的集体谈判必须参照中央一级的谈判来进行。

三是谈判的内容以工资的问题为主。在瑞典的集体谈判中，由于就业保障、雇员的企业管理权、工作环境等方面的问题均有立法保护，所以工资问题是谈判的最主要内容，工资谈判就成了瑞典工会的最主要职能。

四是集体协议的约束力较强。瑞典的集体协议对签订协议的工会和雇主都有约束力，并有法律效力。如果对协议产生争执，双方必须按照法律程序来处理，或通过仲裁的方式，或通过特别劳工法庭。

五是政府对谈判采取不干预政策。瑞典政府对集体谈判的态度与其社会历史传统、政体，特别是成熟的主体组织密切相关，它们基本上处于一种旁观者和调和者的地位。无论是劳资争议的处理，还是集体协议内容的审查，政府都不直接介入。

5. 意大利

意大利的集体谈判类型复杂、形式多样，其内容也囊括了劳动关系的所有部分。

（1）从集体谈判的种类看

一是全国性组织之间的谈判。这是在工会和雇主最高一级机构间的谈判，主要解决全国所有行业劳动者和雇主间共性的问题。

二是各行业组织的谈判。这类谈判在各行业工会和雇主组织间进行，也是意大利集体谈判的核心。意大利没有劳动标准法和最低工资法，企业劳动标准和最低工资标准的确定都要通过行业工会与雇主组织的谈判。

三是地方工会与雇主组织的谈判。谈判在全国性组织的地方分支机构间进行，主要解决当地特有问题，其重要程度比全国性谈判和企业内谈判都低。

四是企业内谈判。企业内谈判 20 世纪 60 年代在意大利出现，70 年代开始普及。主要是企业内劳资之间针对企业劳动条件、劳动待遇进行谈判，或就全国性劳资谈判确定的标准在本企业如何实施进行协商。

（2）从集体谈判的内容看

意大利没有关于集体谈判内容的法律规定，按照惯例，集体谈判内容有个别劳动关系事项，如工资、工时、公休日、休假、录用、安置、解雇、劳动安全卫生、企业福利等，还有集体劳动关系事项，如工会办公室的设立、通知栏的安放、（开展工会活动时）企业设施的使用、工作时间内工会活动安排等，有时也会涉及企业投资、对所在地区的贡献以及环境问题。

（3）从集体谈判的特点看

一是国家关于集体谈判的法规甚少，集体谈判主要靠劳资自治；二是集体谈判的形式已被社会认同，因此谈判结果对工人劳动条件的决定具有很大的影响力；三是各种类型的集体谈判互相交织，一个行业内同时会有几种不同类型的谈判，容易导致内容之间的不协调；四是集体谈判中协议谈判、劳资协商、工人的不满申诉以及各办公室之间的协调因素混杂在一起，实践中难以明确区分开。

6. 日本

集体谈判在日本劳资关系体系中占有核心地位。日本的集体谈判形成于第二次世界大战之后，经过不断完善发展，形成了自己的特点，主要表现在以下几个方面：

一是集体谈判主要在企业内部进行，即在企业工会和该企业资方之间进行。

二是"春斗"。日本的劳资谈判主要在春季进行，所以俗称"春斗"。春季谈判的主要内容是工资的涨幅，也包括劳资双方共同关心的其他问题。在日本，如果劳资双方难以达成一致意见，解决的办法主要有：斡旋、调停、裁决。近些年来，日本的劳资矛盾日趋缓和，"春斗"中企业有关的劳资争议通过斡旋、调停解决的居绝大多数，真正交付仲裁的争议很少。目前，日本还存在罢工现象，不过主要是发生在一些中小企业，规模都不大，而且"春斗"的内容也发生了一些变化，已从过去仅限于工资发展为其他要求，包括收入水平的提高、劳动时间的缩短、劳动条件及企业福利的改善、退休金制度、医疗保险制度、上下班条件的改善，等等。

三是劳资合作。工会除了享有集体谈判权之外，许多企业尤其是大公司，还存在着广泛的、没有法律强制规定的劳资合作协商制度。

第二单元　劳动关系三方机制

理论知识

劳动关系三方机制

（一）三方机制的概念

根据国际劳工组织1976年第144号《三方协商促进国际劳工标准公约》规定，三方机制是指政府（通常以劳动部门为代表）、雇主和工人之间，就制定和实施经济和社会政策而进行的所有交往和活动。

三方机制的组成主要由代表政府的劳动行政部门、代表职工的地方总工会和代表用人单位的企业代表组织（企业联合会、企业家协会、商会等）。三方协商机制，实际上是一种平等对话的机制。政府、企业组织和工会组织三方的职能不能替代，各有侧重和相互独立，相互没有隶属关系。

（二）国外三方机制的构成

基于国际劳工组织的三方协商组织原则，许多国家设立不同类型的三方协商组织机构：

1. 由三方代表组成常设机构

多数国家的三方机制都是由政府劳动部门、雇主组织和工会组织的代表组成常设机构，但一些国家的政府组织不是固定的部门，而且根据工作关系确定相关部门。

2. 采取劳动大会形式

有的国家则采取劳动大会的形式。这种大会由政府组织三方召开，每隔一段时间就有关全国性的劳动问题进行讨论，为一些重要的法律颁布做准备，并使雇主和雇员组织达成协议。协议的内容包括劳资双方的一些共同利益，双方休战的解决办法，以及对有关不履行协议的惩罚措施。

3. 成立三方专业委员会

有的国家在三方协商组织机构中，成立一些专门的三方组织，如国家劳资生产委员会、国家工资委员会等。各专业委员会分别由三方代表组成，针对就业、劳动关系、工资、社会保险等专门问题进行协商讨论。

（三）我国三方机制的形成

《工会法》第34条针对三方机制做了规定："各级人民政府劳动行政部门应当会同同级工会和企业方面代表，建立劳动关系三方协商机制，共同研究解决劳动关系方面的重大问题。"这是目前我国推行三方协商制度的主要法律依据。2001年8月，劳动和社会保障部、全国总工会、中国企业联合会联合宣布，国家将全面启动劳动关系三方（国家、企业、职工）协商机制，以协商的形式解决劳动关系中存在的各种问题。根据工会法的规定，三方机制解决的是劳动关系方面的重大问题，如劳动就业、劳动报酬、社会保险、职业培训、劳动争议、劳动安全卫生、工作时间和休息休假、集体合同和劳动合同等。

目前我国推行的是"三方四家"的机制，全国工商联作为企业组织代表，与人力资源和社会保障部、中华全国总工会、中国企业联合会/中国企业家协会，共同组成国家三方会议。

在我国，三方主要构成如下：

1. 政府代表。工会法中规定政府劳动行政部门是政府的代表。

2. 企业组织代表。企业联合会（企业家协会）、工商业联合会、民间的商会、个体经营者协会、青年企业家协会、女企业家协会等作为企业方代表，都可以参与三方协商。

3. 职工代表。由于三方机制是协商劳动关系方面的重大问题，它超出了具体企业的范围，代表职工参加三方协调的是各级总工会。

（四）三方机制的特征

1. 主体独立。主体独立是指参与协商的三方代表——政府、雇主组织和工人组织在地位是独立的，代表不同的利益主体。各方都有独立的发言权和表决权，不受其他方的制约。这种独立性为三方充分行使各自权利奠定了重要基础。

2. 权利平等。权利平等是三方平等协商的基础和条件，也是三方机制的重要特征。在涉及劳动关系重大问题的协商过程中，由于各方代表的利益主体不同，各方的要求和目的会有很大的差距。缩短这种差距，取得各方都能接受的方案，必须充分行使各方的权利，而且这种权利必须是平等的，任何一方都不能凌驾于它方之上，单方无权对它方发号施令。这种特征能在协商中充分保护弱者的地位。

3. 民主协商。民主协商是三方机制产生的根源，也是三方机制的重要特征。只有在协商过程中充分发扬民主，充分听取各方、甚至每位代表的意见，才能形成比较科学和可行的方案和意见。

　　4. 充分合作。三方机制的目的就是在民主协商的基础上达成共识。因此，在协商过程中三方要充分合作，即达到在协商基础上的合作，并且通过友好协商，互解互谅，达成共识，取得各方都能接受的方案。

　　5. 定期协商。三方机制需要协商的事务都是涉及劳动关系中的重大问题，而且三方机制大多是一种议事制度，因此，一般都采取定期协商的方式，如每季度召开一次协商会议，或每半年召开一次协商会议等。

辅导练习题

一、单选题

1. 集体合同制度是指工会代表职工一方与用人单位（企业方面代表），就劳动关系有关利益事项，通过（　　），以及履行好处理集体合同争议过程中需要共同遵守的办事规程和行动准则。

　　A. 平等协商制定规章制度

　　B. 公正合法地签订书面协议

　　C. 集体协商签订书面协议

　　D. 公开协商签订书面协议

　　答案：C

2. （　　）不属于国外集体谈判的主要特点。

　　A. 定期举行

　　B. 政府主导

　　C. 形式多样

　　D. 内容广泛

　　答案：B

3. 国外定期的集体协议有效期最多外（　　）年。

　　A. 5 年

　　B. 8 年

　　C. 10 年

　　D. 15 年

　　答案：A

4. 以下表述中，不属于我国三方主要构成的是（　　）。

　　A. 政府代表

　　B. 企业组织代表

　　C. 工会代表

　　D. 职工代表

　　答案：C

5. （　　）是三方机制中三方平等协商的基础和条件，也是三方机制的重要特征。

　　A. 主体独立

　　B. 权利平等

C. 民主协商

D. 充分合作

答案：B

二、多选题

1. 下列关于集体协商机制的有关描述，正确的有（　　）。

A. 集体协商（谈判）制度是伴随着资本主义市场经济成长和劳工运动蓬勃兴起而发展起来的，现已成为国外市场经济国家协调劳动关系的一种普遍适用的调整机制

B. 集体谈判和集体合同制度的发展并不是一帆风顺的，经历了从禁止到承认和受法律保护的历程

C. 当代一些国家工会组织率逐日在下降，集体代表性和集体谈判的框架受到动摇，几乎四分之三的工人都没能被集体谈判所覆盖

D. 越来越多的国家接受了国际劳工组织的建议，建立了包括集体谈判制度在内的社会伙伴、社会对话和社会合作的新机制

答案：ABD

2. 西方主要市场经济国家集体谈判类型一般包括（　　）。

A. 国家层级

B. 产业层级

C. 行业层级

D. 企业层级

答案：ABCD

3. 下列关于国外集体谈判主要特点的描述，错误的是（　　）。

A. 定期举行：在遵循所在国有关法律、法规的基础上，每1—5年举行一次，其中单纯的工资集体谈判每年举行一次

B. 工会主导：集体谈判是由工会组织方面提出，并在工会组织提出的方案基础进行

C. 英国集体协议不具有任何法律强制力，仅属于"君子协定"性质，集体谈判结果的实施依据劳资双方自愿的原则

D. 行业集体谈判以企业级集体协议为基础和前提，达成的集体协议作为行业的自主法律，起着全面规范劳动关系的作用

答案：AD

4. （　　）属于三方机制的特征描述。

A. 主体独立

B. 权利平等

C. 民主协商

D. 定期协商

答案：ABCD

第二节　集体协商策略

理论知识

一、集体协商双方策略制定

通常，集体协商双方采取的策略模型可分为以下三种：

1. 对抗模型

这种模式是一种充满敌意的谈判。该模式具有以下特征：事先就拟定好对抗立场与目标；过分夸大自己的态度；较早地公开选定立场；通过一个发言人作渠道沟通；尽量使对方所得越少越好；从来不让讨价还价；总要使对方不平衡；总是用强制性的力量；动员选民的支持；分化并征服对方阵营，并保护己方免受对方分化；对方做妥协的方案就是成功的方案。

2. 互利模型

这种模式又名双赢模式、基于利益考虑的模式，它遵循以下原则：仔细地分析自己和其他方的利益需求，而不是盲目地预设谈判立场；有更高层次的信息交换；相对以往的"如何分蛋糕"，更多地考虑如何"把蛋糕变大"；创造新的选择，从而促进利益共享而不是强调各自的利益；意识到程序与过程更重要。

3. 混合模型

结合现实，完全对抗或完全互利是难以达到的，因此在某些点上对抗、某些点上互利是集体协商更为现实的模式。

二、集体协商谈判思路与沟通策略

策略的谋划和运用，是开展工资集体协商的重要因素，对于依法合规开展工资集体协商，并确保取得成功具有助推作用。从一般意义上讲，通常运用的策略有以下几种：

1. 双赢策略

在工资集体协商过程中，要取得双方都满意的结果，既要考虑职工的利益目标，也要兼顾企业行政的利益目标。从企业的实际出发，通过有效的集体协商使双方共同受益。

2. 推进策略

在工资集体协商中，职工一方协商代表应明确若劳动力市场求大于供（供不应求），根据"物以稀为贵"的交易原则，可抬高要求，节节推进。若企业对人工成本投入的获利高于对实物成本或技术成本投入的获利时，职工一方协商代表也可以主动提出提升薪酬待遇的要求。

3. 退让策略

若劳动力市场供大于求，本企业经济效益低下，而且无论增加何种成本投入，经济效益预期仍难预料，此时，职工协商代表应当采取退却策略，以暂时的让步，换取未来的回报。

4. 坚守策略

若劳动力市场供求关系处于不稳定状态，企业内部人工成本投入和其他成本投入之间的效益比不稳定，此时，职工协商代表宜采取坚守策略，坚持不降低原有工资标准，并力争有所提高。

5. 迂回策略

各项劳动标准之间有着内在联系，即存在此消彼长的关系。对此，职工协商代表可采取相应的迂回策略。

6. 包容策略

在工资集体协商中，要允许对方提出不同的观点、意见，认真倾听，理性思考，正确对待，求同存异，保证工资集体协商在和谐有序的气氛中进行。

除了谈判策略，谈判技巧在开展工资集体协商中，也是一种辅助性的使用方法。从实践情况看，可注意以下几个方面：

1. 以诚取信

营造协商气氛，处处表现出对对方的尊重，做好必要的宣传、沟通工作，以坦诚、真诚取得对方的信任。

2. 重点突破

转移对方的注意力，以求实现协商的重点目标。做法就是声东击西，分散对方的注意力，实现协商的重要意图。

3. 分工协作

使用"白脸"和"红脸"战术。协商代表分工协作，"白脸"、"红脸"交替出现，轮番上阵，直到达到目的。

4. 留有余地

在协商时，向对方提出的要求应当高于自己所期望的要求。而当对方向你提出某些要求时，即使你能满足其要求，也不必马上和盘托出，而应留有余地，以备对方讨价还价。

5. 学会让步

一是不做无谓的让步，应体现对我方有利的原则；二是让步要掌握火候，让得恰到好处；三是在重要问题上要力求使对方先让步，而在较为次要的问题上，根据情况需要，自己一方考虑先做让步。

6. 用事实和数据说话

职工协商代表要学会用事实和数据说话，如本地区、行业职工的平均工资水平、当地政府发布的工资指导线、本地区城镇居民消费价格指数等，以增强说服力。

辅导练习题

一、单选题

1. 以下表述中，不属于集体协商双方采取的策略模型的是（　　）。

　　A. 对抗模型

　　B. 互利模型

　　C. 混合模型

　　D. 合作模型

　　答案：D

2. 下列关于对抗模型的特点，叙述正确的是（　　）。

　　A. 事先没有确定好对抗立场与目标

　　B. 不能过分夸大自己的态度

　　C. 从来不让自己讨价还价

　　D. 尽量少使用强制性的力量

　　答案：C

3. 下列关于互利模型的描述，错误的是（　　）。

　　A. 仔细分析自己和其他方的利益需求

　　B. 有更高层次的信息就换

　　C. 相对于"如何分蛋糕"，更多考虑如何"把蛋糕变大"

　　D. 更倾向于强调各自的利益

　　答案：D

4. 掌握集体谈判策略与技巧有助于促成一次成功的谈判。下列关于谈判策略与技巧的表述，正确的是（　　）。

　　A. 包容策略就是一味退让

　　B. 当对方向你提出某些要求时，如果能满足其要求，就要马上和盘托出

　　C. 职工协商代表要学会用事实和数据说话

　　D. 若劳动力市场供过于求，在工资集体协商时，可抬高要求，节节推进

　　答案：C

5. 劳动关系的危机管理是指劳动关系协调员及相关人员通过（　　），达到避免、减少劳动关系危机产生的危害，总结危机发生、发展的规律，对危机处理科学化、系统化的一种新型管理体系。

　　A. 危机监测——危机预警——危机决策——危机处理

　　B. 危机评估——危机预警——危机决策——危机处理

　　C. 危机监测——危机评估——危机决策——危机处理

　　D. 危机监测——危机评估——危机预警——危机处理

　　答案：A

二、多选题

1. 策略的谋划和运用，是开展工资集体协商的重要因素，对于依法合规开展工资集体协商，并确保取得成功具有助推作用。下列有关说法正确的有（　　）。

　　A. 在工资集体协商过程中，要取得双方都满意的结果，要考虑职工的利益目标，更要着重关注企业行政的利益目标。从企业实际出发，通过有效的集体协商使双方共同受益

　　B. 在工资集体协商中，职工一方协商代表应明确：若资本市场求大于供（供不应求），根据"物以稀为贵"的交易原则，可抬高工资要求，节节推进

　　C. 若劳动力市场供求关系处于不稳定状态，企业内部人工成本投入和其他成本投入之间的效益比不稳定，此时，职工协商代表宜采取坚守策略，坚持不降低原有工资标准，并力争有所提高

　　D. 当企业协商代表要求降低工资增长幅度时，职工协商代表可要求降低劳动定额，或要求提高加班加点工资标准

　　答案：CD

2. 集体谈判的常见策略包括（　　）。

　　A. 单边策略

　　B. 双赢策略

　　C. 退让策略

　　D. 坚守策略

　　答案：BCD

3. 除了谈判策略，谈判技巧在开展工资集体协商中，也是一种辅助性的使用方法。下列有关谈判技巧的叙述，正确的是（　　）。

　　A. 尽管协商重技巧，但也必须体现真诚的态度

　　B. 转移对方的注意力、以求实现协商的重点目标，做法就是声东击西，分散对方的注意力，实现协商的重要意图

　　C. 在协商时，向对方提出的要求应当高于自己所期望的要求，以应对对方讨价还价，为自己留有余地

　　D. 事实胜于雄辩，职工协商代表要学会用事实和数据说话

　　答案：ABCD

第三节　区域性、行业性集体合同

第一单元　区域性、行业性集体合同

【理论知识】

一、区域性、行业性集体合同基本内容

区域性集体合同是指在一定区域内（指县、区、乡、镇、街道、村），由区域性工会联合会与相应经济组织或区域内企业，就劳动报酬、工作时间、休息休假、劳动安全卫生、保险福利等事项进行平等协商，所签订的集体合同。

行业性集体合同主要是指在一定行业内，由地方工会或者行业性工会联合会与相应行业内企业方面代表，就劳动报酬、工作时间、休息休假、劳动安全卫生、保险福利等事项进行平等协商，所签订的集体合同。

二、签订区域性、行业性集体合同基本程序

开展区域性、行业性工资集体协商，签订集体合同，要严格履行协商程序，充分表达行业职工的意愿要求，协议内容应得到双方的一致认可。一般应按照以下程序进行：

1. 以书面形式向企业方提出协商要约或回复企业方提出的协商要约。

2. 做好协商前的各项准备工作，特别是熟悉掌握相关法律、法规、政策规定，收集了解相关资料、信息及企业和职工意见，确定区域性、行业性集体协商议题。

3. 进行区域性、行业性集体协商，在双方协商一致的基础上形成区域或行业集体合同（草案）。

4. 建立了区域（行业）职工代表大会的地方，区域（行业）集体合同（草案）应该提交行业职工代表大会讨论通过。

5. 在区域（行业）集体合同框架下，企业结合自身实际开展二次集体协商。

6. 区域（行业）集体合同签订后 10 日内，工会应当协助企业方将区域（行业）集体合同文本一式三份及说明，报送当地劳动行政部门审查。劳动行政部门审查同意后，区域（行业）集体合同即行生效。双方协商代表应将已经生效的区域（行业）集体合同以适当形式及时向行业内企业和全体职工公布。

7. 区域（行业）集体协商未达成一致意见或出现事先未预料的问题时，经双方同意中止协商的，工会应积极做好向职工说明情况和下次协商的相关准备工作。

区域性、行业性集体协商一般每 1—4 年进行一次。工资集体协商一般每年一次，工会可在原区域性、行业性集体合同期满前 3 个月内，向企业方书面提出重新签订或续订的要求，并发出协商要约。

区域性集体合同签订的程序并没有明确的国家法律条文作为参考，但基本程序与行业性集体合同签订相似。

三、区域性、行业性集体合同与用人单位集体合同的联系

这里以工资集体协商与工资集体合同为例，来探讨区域性、行业性集体合同与用人单位集体合同的联系。

（一）工资专项集体合同的二次覆盖

由于我国多层级工资集体协商模式的存在，不可避免地在某些地区，企业、行业和区域性工资专项集体合同会出现重合的现象。行业、区域性工资专项集体合同依法生效后，对本行业、本区域的企业和职工均具有约束力。在已签订了行业、区域性工资专项集体合同的地区和行业，所覆盖企业可根据实际情况，进行二次工资集体协商，签订企业层级工资专项集体合同。一种情况是企业在行业、区域性工资专项集体合同的框架下，只签订执行协议，表明执行行业、区域性工资专项集体合同。另一种情况是签订契合企业自身特点的、具体量化标准的企业层级工资专项集体合同。这就是工资专项集体合同的二次覆盖。在二次覆盖的情况下，单个企业签订的工资专项集体合同，确定的劳动条件和劳动报酬标准，不得低于本行业或者本区域签订的行业性、区域性工资专项集体合同的规定。

（二）不同层级工资专项集体合同的法律效力从属问题

据我国有关法律规定，一般来说，行业性、区域性工资专项集体合司的效力要优于企业工资专项集体合同。在企业工资专项集体合同与区域性、行业性工资专项集体合同内容不一致时，应当优先适用对劳动者有利的条款。

第二单元　区域性、行业性集体合同履行

「理论知识」

一、区域性、行业性集体合同履行原则

区域性、行业性集体合同履行原则与用人单位集体合同履行原则基本一致，都应当遵循实际履行、

全面履行和协作履行的原则。

（一）实际履行

实际履行原则是指集体合同双方当事人按照合同规定的标的履行自己的义务和实现自己的权利，不得以其他标的或方式来代替。该原则表现在两个方面：一是一方当事人即使违约，也不能以罚金或赔偿损失来代替合同标的的履行，除非违约方对合同标的履行对另一方当事人已无实际意义。二是一方当事人不履行合同时，另一方当事人有权请求仲裁机构和法院敦促其履行。实际履行的原则要求劳动者一方要按照集体合同的约定提供劳动；用人单位则应按照集体合同的约定提供劳动条件。

（二）全面履行

全面履行是集体合同双方当事人应按照约定全面履行自己的义务，它要求当事人按照合同约定的内容，在履行期限、履行地点以适当的履行方式，全面地完成合同义务。当事人在履行合同约定义务的过程中违反任何一个环节，均视为违反全面履行原则。

集体合同的全面履行在很大程度上有赖于对集体合同履行所实施的监督检查。监督检查可以有多种组织方式，例如由劳动行政部门为主实施的劳动监察，依法对集体合同履行情况进行监督检查；由企业党政工联合组成的集体合同监督检查小组展开的检查；由企业的上一级工会组成的集体合同监督检查小组；由职代会下设的以工会和职工代表为主的集体合同监督检查小组。

监督检查的方法主要有两种：一种方法是负责监督检查的人员亲临现场；另一方法是建立信息反馈制度，掌握实践中的情况，以了解集体合同履行中存在的问题。

（三）协作履行

协作履行的原则是指集体合同双方当事人在合同的履行过程中发扬协作精神，共同完成合同规定的义务，共同实现合同规定的权利。

协作履行的原则要求任何一方都要保证自己能够实际、全面履行合同的内容和条款。任何一方完成自己的任务，就为合同的履行打下了良好的基础，也是协作的前提之所在。

在集体合同履行的过程中，双方当事人要相互关心，并进行必要的相互检查和监督，在双方遇到问题时，应及时进行沟通，寻求解决问题的办法，避免事态扩大。

当集体合同没有得到正确的履行或发生不适当履行时，任何一方违约，另一方都要帮助其纠正。值得注意的是，由于集体合同的效力涉及企业所有的人员，在其履行过程中不仅是签订集体合同的双方代表，而且要确保其组织的成员都切实履行合同。为保证集体合同的履行，工会有责任在其会员违反义务时，行使团体的力量来敦促会员履行义务，必要时可以采取警告、停止团体支持、停止团体成员资格的方式。

二、区域性、行业性集体合同的效力和争议处理

按照规定签订的区域性、行业性集体合同，对辖区内签约的所有企业和职工具有约束力。企业签订的集体合同，其标准不得低于区域性、行业性集体合同的规定。

对在区域性、行业性集体协商过程中发生的争议，双方当事人不能协商解决的，当事人一方或双方可以书面向辖区内的劳动保障行政部门提出协调处理申请；未提出申请的，劳动保障行政部门认为必要时也可以进行协调处理。劳动保障行政部门应当组织同级工会和企业代表组织等三方面的人员，共同协调处理集体协商争议。

对在区域性、行业性集体合同履行过程发生的争议，按照《劳动法》和《集体合同规定》的有关规

定协调和处理。

三、区域性、行业性集体合同履行情况的监督检查

(一) 监督检查的必要性

区域性、行业性集体协商工作现存的一个主要问题是履约率不高，实效性不强。因此，加强对区域性、行业性集体协议履行情况的监督检查显得十分必要和紧迫。另外，工资集体协议一经签订，就对双方具有法律约束力，必须认真履行兑现。除了企业劳动关系双方的自我约束外，关键是要有有效的监督。同时，通过经常性定期和不定期的监督检查，有利于及时发现问题，加强动态管理，及时协商沟通，适时调整双方的约定，使劳动关系的调整更加适应企业发展过程中的客观情况。加强工资集体协议履行情况的监督检查，还是防止发生集体劳动争议的有效手段。

(二) 监督检查的方法

加强对区域性、行业性集体协议的监督检查，要建立相应的监督检查组织，制定和完善各项监督检查制度，形成上下结合、内外互动的工作体系。监督检查组织可以有以下的几种方式：一是通过企业集体合同监督检查委员会，加强对区域性、行业性集体协商的监督检查；二是依托职工代表大会专门工作委员会进行；三是健全区域性、行业性专项集体协议监督检查组织和劳动关系三方协调机制监督检查组织；四是依靠集体协商指导员加强对工资集体协议的监督检查。同时，加强区域性、行业性集体协议的监督检查要建立健全履行情况报告制度、履约责任制度、信息通报制度、整改建议制度和职工举报制度等。

四、区域性、行业性集体合同推进工作面临的主要问题

近年来，我国区域性、行业性集体合同工作发展迅猛，取得了一定成效。但由于我国大多数地方推行这项制度的时间短，各地的情况不同，仍存在一些问题需要进行规范。

总体上看，一是发展不平衡。市场经济比较完善的东部沿海地区发展较快，中西部有些地区还处在起步阶段；在同一地区，非公经济比较发达地区要好于欠发达地区；行业性集体合同工作要好于区域性集体合同工作。二是整体水平不高，多数是"小合同、低标准、广覆盖"为特征的基本保障型或保底型的集体合同。这类合同规定的工作程序比较简单，劳动标准和劳动条件不高，这与我国大量的非公企业规模小、生产力水平较低、劳动用工行为不规范的经济形态是相联系的。三是职工的参与程度不广泛，多数职工自我保护的意识和能力比较弱。

就集体合同工作运作情况看：一是协商主题不到位，代表性不强；二是协商程序不规范，协商过程不充分；三是集体合同缺乏实质性内容，区域性和行业特点不明显。

就推行集体合同工作外部环境看：一是部分地方政府和企业对区域性、行业性集体合同工作认识不足；二是有的工会干部存在畏难情绪；三是法制不健全。

五、区域性、行业性集体合同推行工作取得的成效

区域性、行业性集体合同工作发展，有力地推动了建立区域的和行业间的劳动关系协调机制，在构建和谐劳动关系、促进企业发展、维护职工权益方面发挥了积极作用。主要体现在四个方面：

　　一是创新了集体合同形式，扩大了集体合同的覆盖面。通过区域性、行业性集体合同工作解决了众多小企业建制难的问题，深化了集体合同工作，并呈现出全方位、多层面、多种模式的发展格局。

　　二是建立健全了利益协调机制，促进了劳动关系和谐发展。推行区域性集体合同制度的意义在于形成了劳资双方协商谈判的新机制和互利合作的新格局，探索了中小企业尤其是尚未建会企业协调劳动关系的新路子，使工会地位普遍提高了，工会协调劳动关系的参与力度增强了，参与渠道拓宽了，工会代表和维护的作用更加明显了。

　　三是规范了企业的劳动用工管理，促进了企业发展。区域性、行业性集体合同制度的建立，促进各企业增强依法管理的意识，将劳动用工管理、劳动定额和制订工时工价等劳动标准纳入协商内容，完善了企业工资分配制度，提高了企业管理水平。

　　四是拓展了工会维权空间，切实维护了职工的合法权益。职工在收入分配、休息休假、劳动保护、社会保障等方面有了更为广泛、更大程度的参与权和发言权，推动实现企业共建、利益共享、互利双赢、和谐发展。

辅导练习题

一、单选题

1. 行业性集体合同主要是指在一定行业内，由（　　），就劳动报酬、工作时间、休息休假、劳动安全卫生、保险福利等事项进行平等协商，所签订的集体合同。

　　A. 地方工会或者行业性工会联合会

　　B. 企业联合会

　　C. 劳动行政部门

　　D. 区域性工会联合会

　　答案：A

2. 区域性集体合同是指在一定区域内（指县、区、乡、镇、街道、村），由（　　）与相应经济组织货区域内企业，就劳动报酬、工作时间、休息休假、劳动安全卫生、保险福利等事项进行平等协商，所签订的合同。

　　A. 企业联合会

　　B. 劳动行政部门

　　C. 工商联

　　D. 区域性工会联合会

　　答案：D

3. （　　）不属于区域性、行业性集体合同的履行原则。

　　A. 实际履行

　　B. 全面履行

　　C. 合作履行

　　D. 协作履行

　　答案：C

4. 下列关于全面履行原则的描述，错误的是（　　）。

A. 是集体合同双方当事人应按照约定全面履行自己的义务

B. 要求当事人按照合同约定的内容，在履行期限、履行地点以适当的履行方式，全面地完成合同义务

C. 当事人在履行合同约定义务的过程中违反任何一个环节，均视为违反全面履行原则

D. 集体合同的全面履行与监督检查不相关

答案：D

5. 下列关于区域性、行业性集体合同效力和争议处理的叙述，错误的是（　　）。

A. 按照规定签订的区域性、行业性集体合同，对辖区内签约的所有企业和职工均具有约束力

B. 企业签订的集体合同，其标准可以低于区域性、行业性集体合同的规定

C. 对在区域性、行业性集体协商过程中发生的争议，双方当事人不能协商解决的，当事人一方或双方可以书面向辖区内的劳动保障行政部门提出协调处理申请

D. 劳动保障行政部门认为必要是时可以进行协调处理

答案：B

6. （　　）不属于我国当前区域性、行业性集体合同推进过程中所面临的主要问题。

A. 发展均衡

B. 整体水平不高

C. 职工参与程度不广泛

D. 职工自我保护意识弱

答案：A

二、多选题

1. 下列关于区域性、行业性集体合同与用人单位集体合同联系的叙述，正确的是（　　）。

A. 由于我国多层级工资集体协商模式的存在，不可避免地在某些地区，企业、行业和区域性工资专项集体合同会出现重合的现象

B. 行业、区域性工资专项集体合同依法生效后，对本行业、本区域的企业和职工均具有约束力

C. 在工资专项集体合同二次覆盖的情况下，单个企业签订的工资专项集体合同，其确定的劳动条件和劳动报酬标准，不得低于本行业或者本区域签订的行业、区域性工资专项集体合同的规定

D. 在企业工资专项集体合同与区域、行业性工资专项集体合同内容不一致时，应当优先适用符合企业利益的条款

答案：ABC

2. 区域性集体合同的实施范围包括（　　）。

A. 市

B. 县

C. 区

D. 乡镇

答案：BCD

3. 下列关于区域性、行业性集体合同基本程序的叙述，正确的是（　　）。

A. 以书面形式向企业方提出协商要约或回复企业方提出的协商要约

B. 做好协商前的各项准备工作，特别是熟悉掌握相关法律、法规、政策规定，收集了解相关资料、信息及企业和职工意见，确定行业性工资集体协商议题

C. 进行行业性工资集体协商，在双方协商一致的基础上形成行业工资集体合同（草案）

D. 行业工资集体合同（草案）无需提交行业职工代表大会讨论通过

答案：ABC

4. 下列各选项关于区域性、行业性集体合同履行情况监督检查的相关表述，正确的是（　　　　）。

A. 加强区域性、行业性集体合同履行情况的监督检查，是预防集体劳动争议发生的有效手段

B. 区域性、行业性集体合同一旦签订，对双方具有法律约束力，且该种约束力不对等，资方可以根据情况进行适当调整，劳方必须认真履行兑现

C. 加强区域性、行业性集体合同履行情况的监督检查，就要建立相应的监督检查组织，制定和完善各项监督检查制度，形成上下结合、内外互动的工作体系

D. 加强区域性、行业性集体合同履行情况的监督检查，应建立健全履行情况报告制度、履约责任制度、信息通报制度、整改建议制度和职工举报制度

答案：ACD

第四节　区域性、行业性工资集体协商

『理论知识』

一、区域性、行业性集体协商的概念

从集体协商覆盖范围来看，集体协商可分为企业层级集体协商、行业性集体协商和区域性集体协商三种主要类型。由于我国经济形式的多样性，企业发展的不平衡性以及劳动用工的多样化，客观上要求开展集体协商应根据不同地区、不同行业、不同企业的实际情况。广泛开展行业性、区域性集体协商，从而有效实现集体协商在所有类型企业的全覆盖。

区域性集体协商，是指以行政区域（如镇、区、街道、村、经济开发区、工业园区等）为单位，由区域工会组织与相应的区域企业组织或区域内企业方推选产生的代表，依照国家法律、法规，为签订覆盖本地区所有企业的区域性集体合同，而进行的商谈的行为。

行业性集体协商，是指在同行业企业相对集中的区域，由行业工会组织代表职工与同级企业代表或企业代表组织，为签订行业内集体合同或专项集体合同进行商谈的行为。

在众多集体协商内容中，工资集体协商是最重要的。工资集体协商是职工代表（一般为工会）与企业方依法就工资分配制度、工资分配形式、工资收入水平等事项进行平等协商，形成劳动关系双方共同参与的工资共决机制。由于工资集体协商是集体协商的主要内容。本节将主要以工资集体协商为例进行讲述。

二、行业性工资集体协商

（一）行业性工资集体协商的概念

行业性工资集体协商，是指在同行业企业相对集中的区域，由行业工会组织代表职工与同级企业代

表或企业代表组织，就行业内企业职工工资水平、劳动定额标准、最低工资标准等事项，开展工资集体协商、签订行业性工资专项集体合同的行为。

行业集体协商主要围绕行业最低工资标准、工资调整幅度、劳动定额和工资支付办法等进行，总体是以协商行业工资标准为主。根据不同行业性质，应从实际出发，对工资集体协商的内容有所侧重。

（二）行业性工资集体协商的优势

相对于企业级的工资集体协商而言，行业性工资集体协商无论在协商层次、覆盖范围、整合资源、人力配备、减少社会成本、提升合同质量等方面都有着无可比拟的优势。

行业性工资集体协商具有调整劳动关系的层次更高、力度更大、范围更广的优点。一是可以更加全面准确地收集和掌握资料。通过上级工会的"上代下"指导，地区行业内部各企业的通力配合，有利于工会方协商代表更全面、准确地收集资料，克服单个企业工会势单力薄的不利局面。二是可以更好地集中专家的力量研究分析协商方针和方案，避免了单个企业协商代表素质不高、不会谈的局面。三是可以有效解决企业工会所处的依附地位，避免了企业层级工资集体协商中，企业职工代表与企业行政方的正面交锋，解决单个企业职工代表不敢谈的问题。四是行业性工资集体协商覆盖的人群更广。可以有效维护包括高新技术人员、农民工群体、劳务派遣工在内的广大群体的工资收入合法权益。五是通过制定统一的劳动定额、工时工价标准，能够有效克服行业内部各企业乱挖墙脚的无序竞争状态，优化经济发展环境。六是行业性工资集体协商使同行业的劳动成本趋于平均化，企业只有通过技术改造才能获得超额利润，有助于提升行业整体素质，提高区域经济竞争能力。因此，行业性工资集体协商成为大多数市场经济国家开展集体谈判的主要模式，也是当前我国工资集体协商发展的主要方向。

三、区域性工资集体协商

（一）区域性工资集体协商的概念

区域性工资集体协商，是指以行政区域（如镇、区、街道、村、经济开发区、工业园区等）为单位，由区域工会组织与相应的区域企业组织或区域内企业方推选产生的代表，依照国家法律、法规，就工资分配制度、工资分配形式、工资收入水平等事项开展工资集体协商，在协商一致的基础上，签订覆盖本地区所有企业的区域性工资集体合同。

（二）区域性工资集体协商的注意事项

第一，按照我国法律规定，区域性工资集体协商的适用范围是有限制的，要在县级以下区域内开展。由于企业性质差异、各行业劳动者需求不同等，在一个较大区域内协商签订工资专项集体合同往往比较困难，即使签订工资专项集体合同也往往因缺少针对性而难以实施。因此，区域性工资集体协商一般而言不适合大范围大区域地开展。

第二，区域性工资专项集体合同最明显的优势表现在基层工会熟悉企业状况，同职工联系紧密，即在镇、村、街道等较小区域充分发挥基层工会熟悉当地企业状况、紧密联系职工的优势，就当地某些特殊情况、特殊需要订立区域性工资专项集体合同。如果区域内同行业产业企业数量较多，则可以考虑在区域的框架下，签订行业性工资专项集体合同，提高针对性，增强实效性。

第三，注意不同层级工资集体协商的区分及衔接。在开展工资集体协商的实践中，由于企业、行业、区域所处情况不同，有时需要各层级协商相互交叉、融合使用，这就需要认真把握各层级工资集体协商的相互区别与联系，从而更好地发挥不同层级工资集体协商的特殊功能，达到扩大覆盖面、增强实效性的目的。

四、区域性、行业性工资集体协商的主要程序

开展区域性、行业性工资集体协商，要严格按照《集体合同规定》履行协商程序，充分表达区域或行业职工的意愿要求，协议内容应得到双方的一致认可。一般应有以下几个主要程序。

1. 以书面形式向企业方提出协商要约或回复企业方提出的协商要约。

2. 做好协商前的各项准备工作，特别是熟悉掌握相关法律、法规、政策规定，收集了解相关资料、信息及企业和职工意见，确定区域或行业性工资集体协商议题。

3. 进行集体协商，在双方协商一致的基础上形成区域、行业工资集体合同（草案）。在区域、行业工资集体合同框架下，企业结合自身实际开展二次工资集体协商的，其确定的劳动报酬标准不应低于区域、行业工资集体合同规定的标准，具体做法应参照《工资集体协商试行办法》等有关规定进行。

4. 区域、行业工资集体合同签订后10日内，工会应当协助企业方将区域、行业工资集体合同文本一式三份及说明，报送当地劳动行政部门审查。劳动行政部门审查同意后，区域、行业工资集体合同即行生效。双方协商代表应将已经生效的区域、行业工资集体合同以适当形式及时向区域、行业内企业和全体职工公布。

5. 区域、行业工资集体协商未达成一致意见或出现事先未预料的问题时，经双方同意中止协商的，工会应积极做好向职工说明情况和下次协商的相关准备工作。区域、行业性工资集体协商一般每年进行一次。工会可在原区域、行业工资集体合同期满前3个月内，向企业方书面提出重新签订或续订的要求。

五、区域性、行业性集体协商与用人单位集体协商区别

在开展集体协商的实践中，由于企业、行业、区域所处情况不同，有时需要各层级协商相互交叉、融合使用，这就需要认真把握各层级集体协商的相互区别与联系，从而更好地发挥不同层级集体协商的特殊功能，达到扩大覆盖面、增强实效性的目的。

（一）从协商主体看

企业、行业、区域开展集体协商，其协商主体是有所区别的。

企业层级集体协商，是以单个企业的基层工会和企业方代表为协商主体。企业方协商代表由企业法定代表人和法定代表人指定的其他人员担任。职工方协商代表由本单位工会选派，未建工会的企业由职工民主推举代表，并得到半数以上职工的同意。如果企业工会向企业行政方提出要约存在困难，也可以由上级工会代为向企业行政方提出要约。

行业性集体协商主体确定分为四种情况：一是由行业工会或联合会与行业内企业代表组织进行协商；二是由行业工会与行业内企业方推荐产生的代表进行协商；三是由行业工会与行业所属各企业进行协商；四是未组建行业工会的，可由行业所在区域的工会代行行业工会的职能，与企业代表组织进行协商。行业性工资集体协商代表要按照《集体合同规定》所规定的程序产生。职工方协商代表由行业工会选派，职工方首席协商代表一般由行业工会主席担任。未组建行业工会的，职工方协商代表由行业所在区域工会选派，职工方首席协商代表可由行业所在区域相应一级的工会主席担任，也可由上级工会选派或在上级工会指导下从本行业内企业工会主席中民主推举产生。因此，从协商主体资格上看，行业性集体协商要比企业层级集体协商的范围更广。

区域性集体协商主体可以有三种情况：一是以区域工会组织与对应的企业代表组织为协商主体；二

是在没有区域企业代表组织的情况下，可由区域工会组织与区域内所属企业分别进行平等协商；三是可由区域工会组织与区域内经全体企业民主推选或授权委托等方式产生的企业方协商代表进行平等协商。

（二）从协商程序看

企业层级集体协商，其推选协商代表的方式相对于行业、区域要简单得多，协商所需的资料收集和协商程序都较为容易。行业性、区域性集体协商，在没有行业或区域企业代表组织的情况下，可由行业或区域工会联合会分别向辖区内各个企业发出协商要约，分别签订统一的区域性或行业性工资集体合同。行业性、区域性集体协商由于涉及企业多，因而资料收集和协商程序相对而言就复杂一些。

（三）从协商内容看

企业层级集体协商，主要是就单个企业内部的工资分配制度、工资分配形式、工资收入水平、企业年度工资收入水平及调整幅度等事项进行平等协商，其目的在于通过建立集体协商机制，维护企业内职工的合法收入权益，提高企业竞争力，实现企业全面发展。区域性集体协商的重点是制定本区域内职工最低工资标准，维护一个区域内劳动关系的稳定，促进区域整体经济可持续发展。行业性集体协商，主要是协商确定行业工资标准，制定行业统一的劳动定额、工时工价标准，防止同行业企业的恶性竞争，其主要目标是维护行业劳动关系稳定，促进行业内所有企业实现健康、有序的可持续发展。

（四）从法律效力涉及范围看

单个企业签订的工资专项集体合同，其法律效力只限于企业和企业的全体职工。区域性工资专项集体合同具有约束本区域内所有企业和职工的法律效力。行业性工资专项集体合同具有约束本行业内所有企业和职工的法律效力。区域性、行业性工资专项集体合同的覆盖范围，远远大于企业层级工资专项集体合同。

【技能要求】

集体协商议题拟定与整理加工方法

劳动关系协调员在筹备进行集体协商的过程中，首先必须有效地收集集体协商的议题，确保协商会议的内容是劳资双方共同关心的内容。这是保障集体协商签订集体合同工作有序开展的重要前提。

收集整理集体协商的议题可以有多种方法，常用的方法有：问卷调查法、访谈法、观察对比法。

在收集到各类信息之后，应对这些信息进行整理，综合加工法是有效的信息整理方法。综合加工法就是对大量、片面、零散的信息资料，运用科学的方法加以汇总、归纳、分析和推导，从错综复杂的信息中，找出其相互之间的关系，并加以高度概括，更加准确、全面地反映内容。

综合加工法的程序有四步：一是分类，即对获得的信息按反映的内容、层次分门别类。二是比较，将信息的质量、代表性进行同类比较。三是鉴别，对于可信度不高的信息，应向职工虚心请教，听取意见，以对原始信息的性质、使用价值、可靠性、真实性进行鉴定。四是选择，筛选具有代表性、准确性、可以作为依据的信息。

通过综合加工法，可以选择出用人单位和劳动者非常关心，并对劳动关系有重要影响的内容，从而确定出集体协商的议题。确定协商议题时应注意一次协商会议议题不能安排过多或过少，一般以安排一个主要议题和一两个小议题为宜。

确定了集体协商的议题之后，应做一个简要的汇报提纲。汇报提纲应开门见山，有针对性，明确地提出在劳动关系、劳动条件方面存在的问题，说明协商议题的重要性。一般而言，汇报提纲不要超过3000字，交由工会和用人单位双方。

辅导练习题

一、单选题

1.（　　）不是区域性集体协商的重点问题。
  A. 制定本区域内职工最低工资标准
  B. 维护一个区域内劳动关系的稳定
  C. 促进区域整体经济可持续发展
  D. 提高本区域职工生活质量
  答案：D

2. 下列关于集体合同法律效力的叙述，错误的是（　　）。
  A. 单个企业签订的工资专项集体合同，其法律效力不只局限于该企业和企业全体职工
  B. 区域性工资专项集体合同具有约束本区域内所有企业和职工的法律效力
  C. 区域性、行业性工资专项集体合同的覆盖范围，远大于企业层级工资专项集体合同
  D. 行业性工资专项集体合同具有约束本行业内所有企业和职工的法律效力
  答案：A

3.（　　）不属于区域性集体协商的主体构成。
  A. 区域工会组织与对应的企业代表组织为协商主体
  B. 在没有区域企业代表组织的情况下，由区域工会组织与区域内所属企业分别进行平等协商
  C. 区域工会组织与区域内经全体企业民主推选或授权委托等方式产生的企业方协商代表进行平等协商
  D. 由行业工会或联合会与行业内企业代表为协商主体
  答案：D

4.（　　）是保障集体协商和集体合同签订工作有序展开的重要前提。
  A. 有效收集集体协商的议题
  B. 草拟汇报提纲
  C. 签订约束性协议
  D. 制定劳动标准
  答案：A

5. 收集整理集体协商议题的方法不包括（　　）。
  A. 问卷调查法
  B. 访谈法
  C. 观察对比法
  D. 文献法
  答案：D

二、多选题

1. 下列关于行业性集体协商的相关表述，正确的选项是（　　　）。

   A. 行业集体协商主要围绕行业最低工资标准、工资调整幅度、劳动定额和工资支付办法等进行，总体是以协商行业工资标准为主

   B. 行业性集体协商可以根据不同行业的性质，从实际出发，对工资集体协商的内容有所侧重

   C. 同一行业的企业，特别是同行业的非公有制大型企业、劳动密集型企业相对集中的地区，是开展行业性工资集体协商工作的重点

   D. 行业性工资集体协商具有调整劳动关系的层次更高、力度更大、范围更广的优点

   答案：ABD

2. 下列关于区域性、行业性工资集体协商的主要程序的相关叙述，正确的选项是（　　　）。

   A. 应做好协商前的各项准备工作，特别是熟悉掌握相关法律、法规、政策规定，收集了解相关资料、信息及企业和职工意见，确定区域或行业性工资集体协商议题

   B. 区域、行业工资集体合同签订后 5 日内，工会应当协助企业方将区域、行业工资集体合同文本一式三份及说明，报送当地劳动行政部门审套

   C. 区域、行业工资集体协商未达成一致意见或出现事先未预料的问题时，经双方同意中止协商的，工会应积极做好向职工说明情况和下次协商的相关准备工作

   D. 区域、行业性工资集体协商一般每年进行一次。工会可在原区域、行业工资集体合同期满前 6 个月内，向企业方书面提出重新签订或续订的要求

   答案：AC

3. 区域性、行业性集体协商与用人单位集体协商的区别体现在（　　　）。

   A. 协商主体不同

   B. 协商程序不同

   C. 协商内容不同

   D. 法律效力涉及范围不同

   答案：ABCD

第四章

劳动规章制度建设

学习目标

1. 理解劳动规章制度的内涵、内容。
2. 了解劳动规章制度中遇到的常见问题。
3. 了解劳动规章制度的实施主体及原则。
4. 掌握劳动规章制度评估的方式、方法。
5. 掌握劳动规章制度评估的步骤。

第一节　劳动规章制度的制定

第一单元　劳动规章制度概述

【理论知识】

一、劳动规章制度的内涵

　　劳动规章制度，是指用人单位按照法定程序制定的，在用人单位内部对用人单位和劳动者具有约束力的劳动规章制度的总称。我国目前尚无专门针对用人单位劳动规章制度的法律，有关劳动规章制度的法律规定散见于《劳动法》《劳动合同法》《工会法》《公司法》等相关配套法律法规中。需要指出的是，劳动规章制度并不是由用人单位单方制定的，而是由用人单位与劳动者双方平等协商确定，这不仅是构建和谐劳动关系的要求，也是国家法律的要求。我国《劳动合同法》第4条第2款规定："用人单位在制定、修改或者决定有关劳动报酬、工作时间、休息休假、劳动安全卫生、保险福利、职工培训、劳动纪律以及劳动定额管理等直接涉及劳动者切身利益的劳动规章制度或者重大事项时，应当经职工代表大会或者全体职工讨论，提出方案和意见，与工会或者职工代表平等协商确定。"

　　目前，我国关于劳动规章制度的理解主要分为三种学说，分别是劳动规章制度的法律规范说、劳动规章制度的契约规范说以及劳动规章制度的集体合意说。

（一）劳动规章制度的法律规范说

劳动规章制度的法律规范说认为，用人单位制定的劳动规章制度在事实上发挥着行为规范的作用，从法理角度观察，用人单位劳动规章制度强制力和约束力的基础是上述规范具有法律规范的性质。该学说在很大程度上将劳动规章制度的制定同立法建立了联系，并承认用人单位在一定范围内具有制定企业劳动规章制度的权利，员工可以在一定程度上参与，却不是劳动规章制度的制定主体。由于学界对于法律规范权力源泉的不同理解，法律规范说又进一步演化为法律授权说、经营权说以及习惯说三个分支学说。

（二）劳动规章制度的契约规范说

劳动合同又称劳动契约，是劳动者与用人单位之间确立劳动关系和双方权利、义务的契约或协议。劳动规章制度的契约规范说认为，劳动制度首先由用人单位单方制定或变更，经过劳动者同意后才成为劳动者与用人单位之间的劳动合同内容的部分，进而具有法律约束力，劳动规章制度不过是劳动合同的雏形，其之所以具有约束力，是因为其经过劳动者的同意成为了劳动合同的内容①。

（三）劳动规章制度的集体合意说

劳动规章制度的集体合意说认为，用人单位制定劳动规章制度是针对全体劳动者统一设定的集体规范，是基于劳动者集体合意才产生相应的法律约束力。该学说基本立场秉持劳动条件应由劳资双方合意之基本原则，认为鉴于劳动规章制度统一规范劳动条件之现实，个别劳动者对劳动规章制度制度、变更之承诺虽然有必要，但可由劳动者集体意思予以同意，未有劳动者集体意见之同意，规范制度不发生法律效力②。

二、劳动规章制度体系

劳动规章制度体系，是指一家企业全部劳动规章制度按照一定标准分类组合所形成的，具有一定纵向结构和横向结构的有机整体。自企业诞生之日起，就需要建立健全各项劳动规章制度，以支撑整个制度管理系统的正常运行。因此，企业的劳动规章制度涉及的面很广，需要对其宗旨、职权、职责、议事规则等方面做出具体规定，此外，企业还要结合自身实际情况，增添或修改符合企业自身需要的劳动规章制度条款。通常的，劳动规章制度体系主要包括：招聘制度、薪酬福利制度、绩效考核制度、培训制度、考勤与休假制度、劳动争议处理制度、保密制度、人事交接调动制度，等等。上述列举的各项劳动规章制度，并不是一蹴而就的，是经过不断积累、完善形成的，企业可以根据各阶段发展的实际需要不断对劳动规章制度体系进行完善和调整。

三、劳动规章制度与劳动合同、集体合同的关系

劳动规章制度与劳动合同、集体合同都是确定劳动关系双方当事人之间权利义务关系的重要依据，这三者都有关于劳动条件内容的规定，并且在内容规定上还存在一定交叉。但这三者有着明显的区别：

首先，劳动规章制度的制定是用人单位单方主导的行为，虽然其制定程序中也有职工民主参与的环节，但是最终决定权仍由用人单位享有；而劳动合同的订立是劳动关系双方当事人之间的法律行为，集

---

① 杨继春：《企业劳动规章制度的性质与劳动者违纪惩处》，《法学杂志》2003 年第 5 期。

② 董保华：《劳动合同立法的争鸣与思考》，上海人民出版社 2011 年版。

体合同的订立是用人单位与劳动者团体双方的法律行为。

其次，劳动规章制度与集体合同所规定的是全体职工的共同权利和义务，而劳动合同规定的只是单个职工的权利和义务。此外，很多情况下，劳动规章制度是以劳动合同的附件形式，作为劳动合同的重要组成部分。

最后，虽然劳动规章制度和集体合同在内容上也有所交叉，但两者的侧重点有所不同。前者侧重于规范在职工在劳动过程中的各种行为规范，即劳动行为规则；而后者则侧重于规范用人单位范围内的最低劳动标准和劳动待遇①。

此外，需要说明的是，当劳动规章制度、劳动合同以及集体合同在相关问题的规定上出现冲突时，其法律效力的确定和协调是有一定标准的。根据《最高人民法院关于审理劳动争议案件适用法律若干问题的解释（二）》第 16 条规定："用人单位制定的内部劳动规章制度与集体合同或者劳动合同约定的内容不一致，劳动者请求优先适用合同约定的，人民法院应予以支持。"该规定意味着，当劳动规章制度与劳动合同或集体合同的内容发生冲突时，法院所采用的判案标准，应该是依据劳动者的请求而定。

理论界、实务界一般认为，在处理劳动规章制度与劳动合同、集体合同三者法律效力的关系问题上，应坚持有利于保护劳动者合法权益的基本原则和价值取向。具体讲来，当用人单位劳动规章制度规定的劳动者利益低于劳动合同和集体合同的约定时，应以劳动合同和集体合同的约定为准；而当用人单位劳动规章制度规定的劳动者利益高于劳动合同和集体合同的约定时，应该以其劳动规章制度的规定为准。这就是在处理劳动规章制度与劳动合同、集体合同在发生法律效力冲突问题时所采取的"就高不就低"的原则，该原则已逐步得到理论界及实务界的普遍认同。

四、劳动规章制度作用

企业劳动规章制度是整个组织机构正常运行的制度保障，没有合理的劳动规章制度就没有一个真正发挥作用的组织和机构，也就没有企业的正常生产和经营活动。只有通过劳动规章制度来规范领导和职工成员的职责和行为，才能使企业正常运转，充满生机和活力。

第一，劳动规章制度是企业正常运行的保证，组织成员行动的指南。第二，劳动规章制度是企业奖惩的依据。第三，劳动规章制度是劳资双方维权的利器。

技能要求

一、招聘制度制定中遇到的常见问题

企业的招聘制度是企业劳动规章制度的重要组成部分，把好招聘录用关对于企业找到合适的员工至关重要。从实务的角度来看，企业在实施招聘制度时应做到以下几个方面：避免歧视性内容、必须履行告知义务并符合企业发展需要。此外，招聘制度中应包含招聘目的、招聘计划、招聘渠道、人员甄选规定、录用规定、入职报到手续、适用于转正规定和附则等内容。在实务工作中，为避免劳动争议的发生，企业在制定招聘制度相关条款时，建议注意以下两点：1. 建议区分招聘条件和录用条件。2. 建议谨慎使用录用通知书。

---

① 李国光：《劳动合同法、劳动争议仲裁调节法》，人民法院出版社 2008 年版。

二、薪酬福利制度制定中遇到的常见问题

企业薪酬福利制度的制定中应注意相关方面的合法性问题：满足最低工资标准要求、同工同酬、合理设定加班工资标准、足额缴纳社会保险等。

薪资制度和岗位制度是企业人力资源管理的基本制度，企业可以通过薪资调控降低用工管理难度。面对《劳动合同法》等法律法规对于薪资岗位制度直接和间接的影响，薪资岗位制度设计有必要与企业用工制度和劳动合同制度相结合，共同应对立法的最新调整。

三、绩效考核制度制定中遇到的常见问题

鉴于《劳动合同》法对于试用期和正式期进行了区分，企业在制定劳动规章制度时有必要针对这两个阶段的员工制定不同的绩效考核制度，从而对某些条款的适用范围加以界定。

（一）试用期绩效考核制度

在设计试用期员工的绩效考核制度时，企业应当注意把握以下几个要点：首先，根据试用期业绩任务设定绩效考核制度。企业应该明确该员工试用期间的绩效考核指标，并将其作为试用期结束时的考核基础和依据，经考核双方认可后签订试用期协议。其次，试用期解除的法定依据和程序。企业在试用期行使法定解除权，必须严格遵守法定的举证和依程序进行的法律规定，企业尤其要做好依据和程序这两方面的事项。其一，法定的依据。公司必须有明确的录用条件，最好以书面形式呈现；其二，经过法定的程序。企业可以通过《试用期不合格通知书》告知试用期不合格的员工，且《试用期不合格通知书》和《解除劳动合同通知书》应在试用期最后一天之前送达，此外，在发放通知书前还需要通知工会。

（二）正式合同期绩效考核制度

依据《劳动合同法》第40条规定，劳动者不能胜任工作的，用人单位可以对其进行培训或者调整工作岗位，劳动者仍然不能胜任工作的，用人单位可以提前30日以书面形式通知劳动者本人或者额外支付劳动者一个月工资后，与之解除劳动合同。用人单位的绩效管理体系也应当以此项规定作为依据进行制度设计。

四、培训制度制定中遇到的常见问题

企业在制定和实施员工培训制度的过程中，不能忽视可能涉及的一系列法律问题。企业对员工培训的合法实施，有利于维护企业自身发展的权利，有利于保障员工自身及发展的合法权利，降低劳资双方发生矛盾与纠纷的可能性，稳定企业和谐的劳动关系。因此，确保企业培训制度的合法实施，全面了解《劳动合同法》及相关劳动法律法规对于培训所涉双方的权利规定，是企业进行员工培训以期达到自身长远发展的前提条件。

在实务中需要注意的是，企业在和员工订立培训协议时应明确培训目标、内容、形式、期限、违约金、培训费用的范围等内容。当企业提供的培训属于专业技术培训，应该在培训协议中加以明确界定，并留存培训记录、培训报告、培训教材等培训资料。此外，为了使培训让更多员工受益，可以在培训协议中规定接受培训的员工有义务向本企业其他员工传授所学知识和技能。

五、考勤制度中遇到的常见问题

企业有权制定考勤制度并对劳动者的考勤和休假进行管理，鉴于我国现行法律对于考勤的程序和手续并无具体规定，企业可以根据实际情况加以规定。

在实务中，为了保证考勤制度的顺利实施，尽量避免劳动争议的发生，企业在制定考勤制度时应该对以下内容进行详细、准确的界定：正常工作时间、休息时间、考勤方式、对迟到早退和旷工的解释、违反考勤制度的处罚措施。

六、休假制度制定中遇到的常见问题

企业劳动规章制度通常会涉及休假制度，一套完善的休假制度应包含以下要点：假期的种类、休假程序、假期的批准权限、休假的实现、休假方式、假期未用的处理、休假的限制、假期工资待遇以及违反休假制度的处理措施。我国现行法律对于休假的程序和手续并无具体规定，企业可以根据实际情况加以规定。

第二单元 劳动规章制度的制定

「理论知识」

一、劳动规章制度的内容

关于劳动规章制度内容的规定，我国的法律制度采用列举的方式，依据《劳动合同法》第4条第2款规定，劳动规章制度包括劳动报酬、工作时间、休息休假、劳动安全卫生、保险福利、职工培训、劳动纪律以及劳动定额管理。

二、劳动规章制度制定的常见问题

根据《劳动合同法》第4条规定，劳动规章制度制定的程序一般包括起草、讨论、通过和公示四个步骤。在劳动规章制度实施过程中，劳动规章制度可能会出现一系列问题，例如，劳动规章制度不适当、劳动规章制度违法、劳动规章制度偷换概念等，企业在劳动规章制度的实施过程中应对这些问题加以重视并进行必要的防范。

（一）劳动规章制度不适当

《劳动合同法》第4条第3款规定："在劳动规章制度和重大事项决定实施过程中，工会或者职工认为不适当的，有权向用人单位提出，通过协商予以修改完善。"因此，企业劳动规章制度的制定不适当的，劳动者有权要求企业进行修改。

（二）劳动规章制度违法

《劳动合同法》第38条规定："用人单位以暴力、威胁或者非法限制人身自由的手段强迫劳动者劳动的，或者用人单位违章指挥、强令冒险作业危及劳动者人身安全的，劳动者可以立即解除劳动合同，不需事先告知用人单位。"因此，对于违法的企业劳动规章制度，劳动者有权解除劳动合同，企业将承担相应赔偿责任。

三、劳动规章制度制定的注意事项

第一，企业制定的劳动规章制度不得损害劳动者的权利。劳动者的权利包括：平等就业权、休息休假权、劳动报酬权、劳动安全卫生权、社会保障权以及参加职业培训、民主管理、组织和参加工会等权利，企业制定的劳动规章制度都应当保障这些权利的实现。

第二，企业制定的劳动规章制度应当有利于劳动者履行劳动义务。依据《劳动法》第25条规定，严重违反劳动纪律或者用人单位劳动规章制度的，用人单位有权单方面解除劳动合同。然而，企业应该本着对有错误行为的劳动者教育为主、惩罚为辅的原则，企业在劳动规章制度的制定中对于"严重违反"的标准应该加以谨慎界定。

第三，企业制定劳动规章制度应当有职工参加。用人单位的劳动规章制度只有经过民主程序制定，内容合法，并进行公示，人民法院在审理劳动争议案件时，才能作为依据使用。否则，用人单位的劳动规章制度对劳动者没有法律上的约束力。

辅导练习题

一、单选题

1. 劳动规章制度是（　　）按照法定程序制定的，在用人单位内部对（　　）具有约束力，是（　　）意志的体现。

　　A. 用人单位；用人单位；用人单位决策层

　　B. 劳动者；劳动者；劳动者

　　C. 用人单位；用人单位和劳动者；用人单位全体成员

　　D. 用人单位；劳动者；用人单位决策层

答案：C

2. 下列关于劳动规章制度体系的表述，正确的是（　　）。

　　A. 劳动规章制度体系，是指一家企业全部劳动规章制度按照一定标准分类组合所形成的，具有一定信度和效度的有机整体

　　B. 企业通过建立、健全劳动规章制度体系，以支撑整个企业制度管理系统的正常运行

　　C. 产权制度属于企业劳动规章制度体系的重要组成部分

　　D. 企业构建劳动规章制度体系的过程不是一蹴而就的，但却是一劳永逸，一旦形成一套成熟的体系，后期无需再做修改

答案：B

3. 绩效考核制度是企业劳动规章制度体系的重要组成部分，企业制定绩效考核制度时，通常会根据考核评估的特点，将绩效考核制度分为（　　）和（　　）两个阶段。

　　A. 试用期；正式合同期

B. 派遣期；非派遣期

C. 派遣期；正式合同期

D. 借调期；正式合同期

答案：A

4. 对于劳动规章制度内容的规定，我国的法律制度主要采用列举的方式。依据《劳动合同法》第 4 条第 2 款的规定，企业劳动规章制度的内容范畴不应涵盖（　　）。

A. 员工的工作时间

B. 员工的带薪休假

C. 员工的家庭关系

D. 员工的技能培训

答案：C

5. 企业在制定劳动规章制度过程中，注意事项不包括（　　）。

A. 企业制定的劳动规章制度不得损害劳动者的权利

B. 企业制定的劳动规章制度应当有利于劳动者履行劳动义务

C. 企业制定劳动规章制度应当有职工参加

D. 企业制定劳动规章制度必须着重凸显决策层的行政控制力

答案：D

6. 在处理劳动规章制度与劳动合同、集体合同发生冲突的问题时，我国理论界及实务界普遍认同（　　）的原则：当用人单位劳动规章制度规定的劳动者利益低于劳动合同和集体合同的约定时，应该以（　　）的约定为准；而当用人单位劳动规章制度规定的劳动者利益高于劳动合同和集体合同的约定时，应该以（　　）的规定为准。

A. "就高不就低"；劳动规章制度；劳动合同和集体合同

B. "就低不就高"；劳动规章制度；劳动合同和集体合同

C. "就高不就低"；劳动合同和集体合同；劳动规章制度

D. "就低不就高"；劳动合同和集体合同；劳动规章制度

答案：C

二、多选题

1. 我国关于劳动规章制度的理解主要包括（　　）。

A. 劳动规章制度的法律规范说

B. 劳动规章制度的契约规范说

C. 劳动规章制度的共议共决说

D. 劳动规章制度的集体合意说

答案：ABD

2. 下列关于企业劳动规章制度与劳动合同、集体合同关系的表述，错误的是（　　）。

A. 三者的制定主体、终止条件、效力等级不同，但三者却具有相同的法律效力范围

B. 三者都是企业劳动关系管理的重要工具，是确定劳动关系双方之间权利与义务的重要依据

C. 当依法制定的劳动规章制度与依法签订的集体合同、劳动合同发生冲突时，劳动者请求优先适用合同约定的，人民法院应予以支持

D. 集体合同与劳动合同所规定的是全体职工的共同权利和义务；劳动规章制度规定的是单个职工的权利和义务

答案：AD

3. 为了避免劳动争议的发生，企业在制定招聘制度相关条款时，注意事项包括（　　）。

A. 区分试用期和正式期

B. 区分招聘条件和录用条件

C. 编纂完整的合同书

D. 谨慎使用录用通知书

答案：BD

4. 考勤与休假制度是企业劳动规章制度体系重要的组成部分，下列关于企业考勤与休假制度的表述，正确的是（　　）。

A. 企业在制定考勤与休假制度时应履行一定的程序和手续，我国在法律上对于考勤与休假的程序和手续并无具体规定，企业可以根据实际情况加以规定

B. 企业的考勤制度应该详细、准确的界定：正常工作时间、休息时间、考勤方式、对迟到早退和旷工的解释、违反考勤制度的处罚措施

C. 企业应该遵循《职工带薪年休假条例》的要求，保障职工享有带薪年休假的权利，将国家法定休假日、休息日计入职工年休假的假期

D. 一套完备的休假制度应该包括假期种类、休假程序、假期批准权限、休假方式、假期未用的处理、假期工资待遇以及违反休假制度的处理措施等方面的内容

答案：ABD

第二节　劳动规章制度实施与评估

理论知识

一、劳动规章制度的实施主体及原则

劳动规章制度实施的主体是企业行政主体和员工，一方面，劳动规章制度是企业行政主体发布的，并且是企业行政主体进行劳动管理的重要依据之一；另一方面，企业生产劳动的主体是员工，劳动规章制度的实施必须依靠全体员工的执行。劳动规章制度所规范的是员工在劳动过程中的行为，因此，劳动规章制度的实施是在企业行政主体的监督下，员工对劳动规章制度的遵守和执行。

劳动规章制度实施的目的在于规范员工生产劳动过程中的劳动行为，以保证正常的生产劳动秩序。为确保劳动规章制度的客观性、准确性和公正性，在其实施过程中也应当遵循一些基本的准则，劳动规章制度实施时应遵守的原则包括：严格执行，依章治企原则；前后统一，全面实施原则；各司其职，协作实施原则；劳动规章制度的实施应及时、合理。

二、劳动规章制度评估的含义

劳动规章制度评估是指由企业通过专门机构和人员，依据国家法律法规规定及企业实际情况，根据特定的目的，遵循适用的标准，按照一定的程序，运用科学的方法，对劳动规章制度进行评定和判断的过程。

一套完整的劳动规章制度体系，除了科学合理地制定和有效地执行外，还需要对劳动规章制度执行以后的效果进行判断，以确定劳动规章制度的价值，这种活动就是劳动规章制度的评估。因而，劳动规章制度评估是劳动规章制度执行过程中的一个重要环节，是调整、持续、修订或终止劳动规章制度的重要依据，是确认劳动规章制度价值的重要手段。

三、劳动规章制度的评估方式

劳动规章制度对于企业正常的运转起到了不可或缺的作用，但是劳动规章制度的评估也是比较复杂的，因此企业在对劳动规章制度进行评估时，可以从多角度、多层面将劳动规章制度进行分层剖析，逐一进行评估分析。

比较常见的劳动规章制度评估方式主要分为三类：

第一类是对劳动规章制度方案本身的评估，侧重于对劳动规章制度内容的评估分析，其目的在于分析、比较各种不同的劳动规章制度方案，指出每个方案的可行性以及相对的优缺点。第二类是劳动规章制度制定过程的评估，侧重于过程控制，强调劳动规章制度制定过程中的方法和流程。第三类是对劳动规章制度实施效果的评估，其着眼点是劳动规章制度实施带来的效果，是一种以结果为导向的评估。

四、劳动规章制度评估要素

有效的劳动规章制度评估体系主要由五个基本要素构成。第一，劳动规章制度的评估主体。劳动规章制度评估体系的评估主体，是指评估由什么机构、部门或人员来实施对企业劳动规章制度的评估；第二，劳动规章制度的评估对象。劳动规章制度体系的评估对象是评估的客体。根据实际需要，企业可以选取劳动规章制度体系中某一项、某几项或是整个劳动规章制度体系进行评估；第三，劳动规章制度的评估目标。劳动规章制度评估体系的目标是整个运行的指南和目的，其目的在于鉴定人们所执行的劳动制度在达到预期目标上的效果，通过优化劳动规章制度运行机制的方式来强化和扩大劳动规章制度的效果；第四，劳动规章制度的评估标准。劳动规章制度评估标准是判断评估对象优劣的基准，是劳动规章制度实施评估的基础；第五，劳动规章制度的评估方法。这是劳动规章制度评估的具体手段。

五、劳动规章制度评估方法

在实务中，常见的劳动规章制度评估方法通常可以分为两类：一类是定性分析，主要包括图表评估法、强制排序法、对比评估法等；另一类是定量分析，主要包括层次分析法、经济计量学方法、成本效益法等。需要指出的是，任何一种分析方法都有各自的特点和局限性，评估主体应该灵活地根据企业实际情况选择相适应的评估方法，以下选取若干比较具有代表性的评估方法进行介绍。

（一）图表评估法

图表评估法是在劳动规章制度评估中普遍采用的方法，例如绩效考核制度评价、职位晋升制度评价等均可以用这种方法。劳动规章制度依据设定表格中所提取的要素进行评估，该表是等递尺度的，因此，此种方法又称为评级量表法，常用李克特5点量表。评估人员只需要根据被评估对象填写表格的情况，把各项得分加总，便得出了图标评估的结果。

（二）简单排序评估法

简单排序评估法适用于对若干劳动规章制度进行比较和评估，具体做法是将所有需要进行评估的劳动规章制度作为评估对象，通过简单排序对这一系列劳动规章制度进行比较和评估，但是，此方法无法对某一项劳动规章制度进行评估。用这种方法进行劳动规章制度评估的时候，不是把每项劳动规章制度的执行表现与某一具体指标逐一对照，而是采用在执行的劳动规章制度之间进行相互比较，进行从优到劣的排列。简单排序评估法常常被应用于定性比较，但是此法无法说明被比较的项目之间在数量上的差距具体有多大。

（三）配对比较评估法

配对比较法评估法是将每个评估对象的每一项特征作为指标，与其他评估对象两两进行比较，这种比较方法适用于多项劳动规章制度的评估。但是，如果有待比较的若干项劳动规章制度差别过大将不适用于此法。此外，一旦比较的项目过多，程序就会比较麻烦，因为配比的次数将是按照 $[n(n-1)]/2$（其中 n = 项数）的公式增长的。此外，配对比较评估法仅能反映被评估劳动规章制度之间的排序（或名次），而无法反映若干劳动规章制度之间的差距大小。

（四）层次分析法

层次分析法是从经济系统论的思想出发，将评估对象视为一个系统，并把这一系列复杂的分体进行层层分解为若干要素，并将这些要素的支配关系组成逐层递进的层次结构。然后，通过成对比较的方法确定各要素之间的权重分配。最后，综合评估主体，并将评估对象的重要性进行简单排序。通过这种方法，可以分析评估较为复杂的劳动规章制度体系，对单一劳动规章制度的评估并不适用。层次分析法体现了人的决策、思维判断、综合分析的特征，集合了定量分析和定性分析的处理方式。

技能要求

劳动规章制度评估的步骤

劳动规章制度评估是有计划、按步骤进行的一种活动，需要遵循一定的步骤。一般来说，劳动规章制度评估可以分为三个步骤：评估的准备、评估的实施与分析、评估结果输出。

（一）评估的准备

企业在劳动规章制度的评估准备阶段，需要完成五项主要工作：确定评估工作的目的；确定评估工作实施主体；确定评估对象；制订评估方案；确定评估标准和方法。

（二）评估的分析与实施

劳动规章制度的分析与实施是整个劳动规章制度评估活动中最重要的环节之一，实施评估阶段的主要任务包括以下几点。

第一，利用各种调查手段和信息来源，广泛收集有待评估的劳动规章制度信息。在实务中，通常可以采用的方法主要包括：观察法、查阅资料法、调研法、案例分析法、实验法、德尔菲法等。这些方法各有其特点和应用范围，最好是交叉使用、相互配合，以确保所获信息具有广泛性、系统性和准确性。

第二，综合分析已获取的劳动规章制度信息，原始数据、问卷和资料进行系统的整理、分类、统计和分析，为劳动规章制度评估结果的输出提供依据。

第三，综合运用相应的评估方法，具体进行评估。在进行劳动规章制度的评估时，要坚持评估资料的完整性、科学性、针对性，客观、公正地反映出劳动规章制度的实际运作效果，进而做出评估结论。实施评估阶段，主要有三项工作：信息收集、信息处理、做出结论。

（三）评估结果输出

评估结果输出是劳动规章制度评估活动的最后一个阶段，是达到劳动规章制度评估的最终目的。这一阶段的主要任务是综合判断、分析诊断、反馈信息。综合判断就是从总体上对被评估对象做出一个关于其执行情况的定性或定量的综合意见；或是进行优良程度的区分；或是提出劳动规章制度的制定水平是否达到应有标准的结论。分析诊断就是对被评估的劳动规章制度在执行过程中的优劣得失进行系统的分析、评论，旨在找出存在的问题及问题的症结所在。反馈信息就是将评估活动所获得的信息向有关方面进行报告。反馈信息阶段包括两方面的内容，一是撰写评估报告，二是提出评估工作的总结和建议。

辅导练习题

一、单选题

1. 以下哪项是企业劳动规章制度的实施主体（　　）。

   A. 企业行政

   B. 劳动监察部门

   C. 工会

   D. 企业联合会

   答案：A

2. 劳动规章制度中的政策性规定，凡国家规定由企业自主决定调整标准的，应当在规定的日期内完成，这属于遵守规章制度实施（　　）原则的情形。

   A. 严格执行，依章治企

   B. 前后统一，全面实施

   C. 各司其职，协作实施

   D. 及时处理，合理实施

   答案：D

3. 劳动规章制度的评估不包括以下哪个层面（　　）。

   A. 对劳动规章制度方案本身的评估

   B. 对劳动规章制度制定过程的评估

   C. 对劳动规章制度实施效果的评估

   D. 对劳动规章制度员工满意度的评估

   答案：D

4. 在下列常见的劳动规章制度评估方法中，属于定性分析方法的是（　　）。

A. 层次分析法

B. 经济计量学方法

C. 成本效益法

D. 对比评估法

答案：D

5. 劳动规章制度评估是指由（　　）通过专门机构和人员，依据国家法律法规规定及企业实际情况，根据特定的目的，遵循适用的标准，按照一定的程序，运用科学的方法，对劳动规章制度进行评定和判断的过程。

A. 企业

B. 员工

C. 工会

D. 劳动行政部门

答案：A

二、多选题

1. 劳动规章制度评估体系的基本要素包括（　　）。

A. 评估主体

B. 评估对象

C. 评估目标

D. 评估标准

答案：ABCD

2. 劳动规章制度评估方法主要包括（　　）。

A. 图表评估法

B. 简单排序评估法

C. 配对比较评估法

D. 层次分析法

答案：ABCD

3. 劳动规章制度评估的三个主要步骤包括（　　）。

A. 评估的准备

B. 评估方案的制定

C. 评估的实施与分析

D. 评估结果输出

答案：ACD

4. 在劳动规章制度评估结果的输出阶段，其主要任务包括（　　）。

A. 综合判断

B. 统计分析

C. 分析诊断

D. 反馈信息

答案：ACD

第五章

劳资沟通与民主管理

学习目标

1. 掌握厂务公开制度的相关内容，熟悉公开信息指标的分类，掌握公开信息指标的评估原则。

2. 掌握劳动关系、企业社会责任的相关概念和知识，了解劳资协商决定事项落实情况评估的内容、标准和实施方式。

3. 掌握组织召开职工代表大会的流程，职工董事、监事制度的工作机制及其制度实施要点，了解国外员工民主参与的一般形式及其度量。

第一节 信息沟通管理

第一单元 公开指标体系设计

「理论知识」

一、公开信息的分类

依照有关要求，公开的信息主要包括四个方面，即公开的信息包括四大类。

（一）企业重大决策

主要包括企业中长期发展规划，投资和生产经营重大决策方案，企业改革、改制方案，兼并、破产方案，重大技术改造方案，职工裁员、分流、安置方案等重大事项。

（二）企业生产经营管理方面的重要问题

主要包括年度生产经营目标及完成情况，财务预决算，企业担保，大额资金使用，工程建设项目的招投标，大宗物资采购供应，产品销售和盈亏情况，承包租赁合同执行情况，企业内部经济责任制落实情况，重要规章制度的制定等。

（三）涉及职工切身利益方面的问题

主要包括劳动法律法规的执行情况，集体合同、劳动合同的签订和履行，职工提薪晋级、工资奖金分配、奖罚与福利，职工养老、医疗、工伤、失业、生育等社会保障基金缴纳情况，职工招聘，专业技术职称的评聘，评优选先的条件、数量和结果，职工购房、售房的政策和住房公积金管理以及企业公积金和公益金的使用方案，安全生产和劳动保护措施，职工培训计划等。

（四）与企业领导班子建设和党风廉政建设密切相关的问题

主要包括民主评议企业领导人员情况，企业中层领导人员、重要岗位人员的选聘和任用情况，干部廉洁自律规定执行情况，企业业务招待费使用情况，企业领导人员工资（年薪）、奖金、兼职、补贴、住房、用车、通信工具使用情况，以及出国出境费用支出情况等。

二、公开信息指标评估原则

（一）科学性原则

科学性原则主要体现在理论和实践相结合，以及所采用的科学方法等方面。在理论上要站得住脚，同时又能反映公开信息对象的客观实际情况。

（二）系统优化原则

公开信息对象必须用若干指标进行衡量，这些指标是互相联系和互相制约的。1. 指标数量的多少及其体系的结构形式以系统优化为原则。2. 公开信息指标体系要统筹兼顾各方面的关系，由于同层次指标之间存在制约关系，在设计指标体系时，应该兼顾到各方面的指标。3. 设计公开信息指标体系的方法应采用系统的方法。

（三）通用可比原则

通用可比性指的是不同时期以及不同对象间的比较，即纵向比较和横向比较。

1. 纵向比较。即同一对象这个时期与另一个时期作比较。2. 横向比较。即不同对象之间的比较，找出共同点，按共同点设计公开信息指标体系。

（四）实用性原则

实用性原则指的是实用性、可行性和可操作性。

1. 指标要简化，方法要简便。公开信息指标体系要繁简适中，计算公开信息方法简便易行。2. 数据要易于获取。公开信息指标所需的数据易于采集，无论是定性公开信息指标还是定量公开信息指标，其信息来源渠道必须可靠，并且容易取得。3. 整体操作要规范。各项公开信息指标及其相应的计算方法，各项数据都要标准化、规范化。4. 要严格控制数据的准确性。能够实行公开信息过程中的质量控制，即对数据的准确性和可靠性加以控制。

（五）目标导向原则

评估的目的不是单纯评出名次及优劣的程度，更重要的是引导和鼓励用人单位向正确的方向和目标发展。

要对企业公开信息的指标进行评估，就要从以下几个方面衡量是否符合目标导向的要求：

1. 选取的指标是否反映群众最关心、反映最强烈的热点问题。

2. 选取的指标是否涉及职工切身利益，需要让职工清楚、明白的事项。

3. 选取的指标是否容易引发矛盾和产生误解，容易滋生腐败现象的问题。

4. 选取的指标是否立足企业，遵循循序渐进的要求。

第二单元　厂务公开制度

「理论知识」

一、厂务公开制度的概述

厂务公开制度是20世纪90年代中期建立起来的职工民主参与制度，到1999年2月，中共中央纪律检查委员会、国务院经济贸易委员会和中华全国总工会联合发出《关于推行厂务公开制度的通知》，要求在国有企业、国家和集体控股企业建立厂务公开制度。2002年6月，中共中央办公厅、国务院办公厅联合下发了《关于在国有企业、集体企业及其控股企业深入实行厂务公开制度的通知》，具体规定了厂务公开的指导原则、总体要求、活动内容和组织领导。该通知是国有企业实行厂务公开制度的主要政策依据。实行厂务公开制度的目的是给予职工知情权，职工的知情权是职工民主参与和民主管理的前提条件。2012年2月13日，中共中央纪委、中共中央组织部、国务院国有资产监督管理委员会、监察部、中华全国总工会和中华全国工商业联合会联合印发了《企业民主管理规定》，该规定将非国有企业、集体企业及其控股企业也纳入了厂务公开制度的建立范畴，具体规定了厂务公开的主要负责人和相应机构、指导原则以及公开事项。

企业主要负责人是实行厂务公开的责任人，同时企业应当建立相应机构或者确定专人负责厂务公开工作。

企业实行厂务公开应当遵循合法、及时、真实、有利于职工权益维护和企业发展的原则。

二、厂务公开的内容

2012年新颁布的《企业民主管理规定》对厂务公开规定内容如下：1. 经营管理的基本情况；2. 招用职工及签订劳动合同的情况；3. 集体合同文本和劳动规章制度的内容；4. 奖励处罚职工、单方解除劳动合同的情况以及裁员的方案和结果，评选劳动模范和优秀职工的条件、名额和结果；5. 劳动安全卫生标准、安全事故发生情况及处理结果；6. 社会保险以及企业年金的缴费情况；7. 职工教育经费提取、使用和职工培训计划及执行的情况；8. 劳动争议及处理结果情况；9. 法律法规规定的其他事项。

国有企业、集体企业及其控股企业除公开上述相关事项外，还应当公开下列事项：1. 投资和生产经营管理重大决策方案等重大事项，企业中长期发展规划；2. 年度生产经营目标及完成情况，企业担保、大额资金使用、大额资产处置情况，工程建设项目的招投标，大宗物资采购供应，产品销售和盈亏情况，承包租赁合同履行情况，内部经济责任制落实情况，重要规章制度制定等重大事项；3. 职工提薪晋级、工资奖金收入分配情况；专业技术职称的评聘情况；4. 中层领导人员、重要岗位人员的选聘和任用情况，企业领导人员薪酬、职务消费和兼职情况，以及出国出境费用支出等廉洁自律规定执行情况，职工代表大会民主评议企业领导人员的结果；5. 依照国家有关规定应当公开的其他事项。

技能要求

撰写厂务公开分析报告注意事项

（一）厘清报告阅读的对象及报告分析的范围

报告阅读对象不同，报告的写作角度、深度也就不同。要了解读者对信息的需求，充分领会领导所需要的信息是什么，就必须在报告写作前，有一个清晰的框架和分析思路。

分析报告的框架具体如下：报告目录——重要提示——报告摘要——具体分析——问题重点综述及相应的改进措施。

"报告目录"告诉阅读者本报告所分析的内容及所在页码；"重要提示"主要是针对本期报告在新增的内容或须加以重大关注的问题事先做出说明，旨在引起领导高度重视；"报告摘要"是对本期报告内容的高度浓缩，一定要言简意赅，点到为止。无论是"重要提示"，还是"报告摘要"，都应在其后标明具体分析所在页码，以便领导及时查阅相应分析内容。

（二）立足当前，瞄准未来，以数据和事实说话

准确的数据以及对发展前后的对比，使报告显得富有说服力。因此，需要协调员对要分析的问题进行深入研究，必需的时候可以制作问卷，向职工进行征询，使分析言之有据。

辅导练习题

一、单选题

1. 公开的信息主要包括四个方面，下列不属于公开的信息的是（　　）。

    A. 企业重大决策

    B. 企业财务方面的重要问题

    C. 涉及职工切身利益方面的问题

    D. 与企业领导班子建设和党风廉政建设密切相关的问题

    答案：B

2. （　　）指的是不同时期以及不同对象间的比较，即纵向比较和横向比较。

    A. 科学性原则

    B. 系统优化原则

    C. 实用性原则

    D. 通用可比性原则

    答案：D

3. 1999 年 2 月，中共中央纪律检查委员会、国务院经济贸易委员会和中华全国总工会联合发出《关于推行厂务公开制度的通知》，要求在（　　）建立厂务公开制度。

    A. 国有企业

    B. 国家和集体控股企业

    C. 国有企业、国家和集体控股企业

D. 私有企业

答案：C

4. 实行厂务公开制度的目的是给予（　　）。

　　A. 职工知情权

　　B. 职工参与权

　　C. 职工管理权

　　D. 职工监督权

答案：A

5. 以下不属于 2012 年新颁布的《企业民主管理规定》对厂务公开规定内容的是（　　）。

　　A. 经营管理的基本情况

　　B. 招用职工及签订劳动合同的情况

　　C. 企业年终奖颁发情况

　　D. 劳动安全卫生标准、安全事故发生情况及处理结果

答案：C

二、多选题

1. 企业公开信息中，企业重大决策包括（　　）。

　　A. 企业中长期发展规划

　　B. 投资和生产经营重大决策方案

　　C. 企业改革

　　D. 重要岗位人员的选聘和任用情况

答案：ABC

2. 公开信息指标评估原则包括（　　）。

　　A. 科学性原则

　　B. 系统优化原则

　　C. 实用性原则

　　D. 结果导向原则

答案：ABC

3. 通用可比性指的是不同时期以及不同对象间的比较，包括（　　）。

　　A. 纵向比较

　　D. 横向比较

　　C. 斜向比较

　　D. 全面比较

答案：AB

三、简答题

企业信息公开的载体主要包括哪些，简述其适用范围。

标准答案：

（1）职工代表大会。企事业单位依法建立和实行职工代表大会制度，凡是法律规定属于职工代表大

会职权范围内的问题，都须向职代会报告，分别由职代会讨论、审议通过或决定。

（2）会议通报。中层干部会、党政工联席会及工会小组长、职工代表和有关人员参加的通报会。这种形式适用于企业生产经营过程中的一些重要动态，需要在一定范围内征求职工意见的事项。

（3）厂务公开栏。设立厂务公开栏，定期或不定期通过书面形式公开有关内容。这种形式主要是公开那些涉及职工切身利益、群众比较关注、须让群众监督的内容。

（4）公司闭路电视和内部信息网络。公司生产经营的信息，涉及职工普遍关心的有关问题，通过公司闭路电视和内部信息网络公开。

第二节　劳资协商

第一单元　劳资协商的基本理论

理论知识

一、劳动关系概述

（一）劳动关系的定义和法律特征

《劳动法》对劳动关系作了明确的界定，是指劳动者与所在单位之间在劳动过程中发生的关系。《劳动法》从法律的角度确立和规范劳动关系，是调整劳动关系以及与劳动关系有密切联系的其他关系的法律规范。《劳动法》中所规范的劳动关系，主要包括以下三个特征：1. 劳动关系是在现实劳动过程中所发生的关系，与劳动者有着直接的联系。2. 劳动关系的双方当事人，一方是劳动者，另一方是提供生产资料的劳动者所在单位。3. 劳动关系的一方劳动者要成为另一方所在单位的成员，要遵守单位内部的劳动规则以及有关制度。

二、企业社会责任的概念和内涵

（一）企业社会责任的概念

本书认为，企业社会责任是指，企业在追求经济效益、实现企业自我发展的同时，承担对经济、环境和社会可持续发展的社会责任。

（二）企业社会责任的内涵

企业社会责任是在一定时期社会赋予企业的经济、法律、伦理以及人道主义的期望，包括遵纪守法、保护环境、保护消费者权益、保护劳工的基本权利和人权、支持慈善事业、捐助社会公益、保护弱势群体等，它使企业在追求自身利益的同时，关注消费者、股东、员工、政府和社区等相关利益者的需要。

第二单元 劳资协商的评估及其实施

[理论知识]

劳资协商决定事项落实情况评估的内容、标准

劳资协商达成协议后，其实施过程需要有经常性的监控体系，以随时把握协议的进展状况及其效果。

1. 评估的内容

评估的内容比较广泛。对各种不同的劳资协商协议，评估的内容可能是不一样的。但总体上说，评估包括三个方面内容，即协议方案是否合理、实施行动是否得力以及是否取得了预期的效果。

2. 评估的标准

与其他评估工作一样，在劳资协议评估中也要采用一系列的标准，从各种不同角度衡量其协议执行及其效果。评估中一般有以下一些种类的标准。

（1）行动标准、收效标准和效率标准

在协议评估中需要从行动本身、行动的收效及效率几个方面对协议行动做出测量和判断，因此需要采用行动标准、收效标准和效率标准。

（2）事实标准与价值标准

由于用人单位的劳资协议执行也涉及价值的问题，因此在对协议执行进行评估时，既包含对协议执行过程中各种事实的评判与分析，也包含对其行动及其效果的价值评判。

[技能要求]

协商决定事项落实情况评估的实施方式

劳资协议评估的方法和程序是否得当，对评估结论的科学性、公正性和权威性有较大的影响。在现实的评估中可采用各种各样的方法，但常用的有以下一些方法和实施方式。

（1）评估的常用方法

在评估中既有定量分析也有定性分析。定性分析主要通过深入解剖少数个案而获得对整个协议执行及其收效的深入了解。定评估中的定量分析主要通过广泛收集资料，并对资料进行统计分析和比较，从而获得对协议执行及其收效的数量分析结论。

（2）评估的组织及实施方式

协商协议评估一般也需要按照严格的程序进行。评估工作的主要环节包括评估计划的拟订、评估者和评估机构的选定、评估的实施、评估报告的撰写等。

评估计划的拟订是劳资协议评估工作的首要环节。评估计划的内容包括对评估工作的执行者、内容、标准、方法与步骤等环节的具体规定，以及对评估工作需要的经费及组织方式的安排。

辅导练习题

一、单选题

1. 所谓（   ），是指对一项协议行动效率的评判，也即对其投入产出率高低的评判。
   - A. 行动标准
   - B. 收效标准
   - C. 效率标准
   - D. 事实标准

   答案：C

2. （   ）对劳动关系作了明确的界定，是指劳动者与所在单位之间在劳动过程中发生的关系。
   - A. 《劳动法》
   - B. 《工会法》
   - C. 《劳动合同法》
   - D. 《民法》

   答案：A

3. 《劳动法》对劳动关系作了明确的界定，是指劳动者与所在单位之间在（   ）发生的关系。
   - A. 劳动过程中
   - B. 签订劳动合同后
   - C. 签订集体合同后
   - D. 签订劳务合同后

   答案：A

4. 协商协议评估一般也需要按照严格的程序进行，评估工作的主要环节不包括（   ）。
   - A. 评估计划的拟订
   - B. 评估者和评估机构的选定
   - C. 评估计划的修订
   - D. 评估报告的撰写等。

   答案：C

二、多选题

1. 企业社会责任是在一定时期社会赋予企业的经济、法律、伦理以及人道主义的期望，包括（   ）支持慈善事业、捐助社会公益、保护弱势群体等。
   - A. 遵纪守法
   - B. 保护环境
   - C. 保护消费者权益
   - D. 保护劳工的基本权利和人权

   答案：ABCD

2. 劳资协商决定事项落实情况评估的内容不包括（   ）。
   - A. 协议方案是否合理

B. 实施行动是否得力

C. 是否取得了预期的效果

D. 实施时机是否合适

答案：ABC

3. 自"企业社会责任"这一概念产生以来，对其内涵的讨论就随之开始。总体而言，学者们主要从（　　）角度对企业社会责任的内涵进行讨论。

A. 宏观

B. 微观

C. 局部

D. 整体

答案：AB

第三节　职工代表大会的组织召开和职工董事监事制度建设

第一单元　职工代表大会决议实施评估

理论知识

一、职工代表大会组织制度

职工代表大会的组织制度，是职工代表大会开展活动，履行民主管理职能，完成其任务的组织设置与工作制度的总称。它主要包括职工代表大会的组织机构、组织原则、工作制度。

（一）职工代表大会的组织机构

职工代表大会的组织机构包括大会主席团、代表团（组）和根据工作需要而设立的经常性或临时性的专门小组。职工代表大会主席团是职工代表大会会议期间的组织领导机构，并主持会议。其成员应包括工人、技术人员、管理人员和企业的领导干部。其中工人、技术人员、管理人员应超过半数。主席团成员必须是本届职工代表大会的正式代表，其人数可根据职工代表人数多少决定。主席团不实行常任制。职工代表大会开展的活动是统一组织起来的职工代表的活动，在企业组织中，职工代表按照分厂、车间、科室组成代表团（组），推选团（组）长。被推选出来的职工代表按所在生产和工作单位组成的代表团（组）开展活动。代表团（组）长一般应由分厂、车间或科室工会主席担任。职工代表大会的专门工作小组是根据职工代表大会工作需要而设置的执行专门任务的临时性或经常性机构。专门工作小组成员一般在职工代表中提名，根据职工代表人数及要解决问题的难易度确立小组的人数，每个小组3—5人不等，也可以聘请少数有特殊专长的非职工代表参加，但须经过职工代表大会通过。专门小组对职工代表大会负责，承办职工代表大会交付的各项工作。

（二）职工代表大会的组织原则

民主集中制是职工代表大会的组织原则，也是职工代表大会的基本制度，它是职工代表大会协调行动、集中意志、充分发挥作用的重要保证。职工代表大会实行民主集中制反映了职工、职工代表、职工代表大会之间的个人服从组织、部分服从整体、少数服从多数的关系。民主集中制是把高度民主与高度集中结合起来的组织原则。它要求职工代表大会既要充分发挥每个职工的智慧，又要有统一的意志、统一的组织纪律性。

（三）职工代表大会的工作制度

为保证职工代表大会各项具体工作有序和有效开展，企事业单位应制定相应的职工代表大会实施办法，确定职工代表大会会议期间及闭会期间开展工作的制度。就目前职工代表大会的实践情况看，职工代表大会的工作度应包括：职工代表大会的会议制度、职工代表大会专门小组工作制度、职工代表大会团（组）长和专门小组负责人联席会议制度、职工代表活动制度以及民主管理考评制度。其中，职工代表大会的会议制度的工作应包括决定职工代表大会的届期、每年召开会议的次数、会议议题、议程、决议形成与修改等事项。职工代表大会专门小组工作制度是保证个专门小组围绕职工代表大会相关职权的政策落实而设立的制度，它是承上启下的枢纽机构。职工代表大会团（组）长和专门小组负责人联席会议由单位的工会委员会召集，联席会议可以根据会议内容邀请党政负责人或其他有关人员参加。所讨论确定的问题，需向下一次职工代表大会报告，并予以确认。职工代表活动制度包括对职工代表参加职工代表大会会前、会中及会后活动的要求，规定日常活动时间、活动内容及组织领导等内容。民主管理考评制度是企事业单位为了促进贯彻和执行职工代表大会实施细则，以及职工代表大会决议的落实，保障职工民主管理权利的责任管理制度。

二、职工代表大会决议的检查督促工作内容

为切实保证职工代表大会决议的贯彻落实，工会要组织职工代表大会专门委员会（小组）和职工代表，对决议的落实情况进行检查督促。检查督促的形式主要有：

（一）会后检查

一般在每次职代会闭会后2个月左右，由工会组织职工代表团（组）长和有关职工代表组成检查团，进行检查。

（二）专题检查

对职代会决议中的重点、难点或职工群众普遍关注的热点问题组织专门小组进行检查。

（三）总结检查

在下次职代会开会前的1个月左右进行，对上次职代会闭会以来决议的落实情况作出切合实际的评价。表彰执行决议好的部门和个人，批评和质询工作不力的部门和个人，必要时，追究这些部门和个人的责任，向职代会提出处理意见。

（四）大会检查

在职代会代表大会上，由大会主席团对上次职代会决议执行情况进行评价，对执行不力的要追究责任，提出处理意见。检查督促的程序和方法是：

1. 提出贯彻执行和落实职代会决议的要求。

2. 职代会闭会后，及时检查向职工群众传达贯彻的情况。如果属于厂长（经理）重大决策方面的决议，还要检查各级行政是否制定并向职工群众部署了贯彻落实的有效措施，了解发动职工群众的情况；如果属于涉及职工切身利益方面的决议，则要增加检查行政部门的行文是否符合大会的决议，文件传达

后职工群众的反映。

3. 检查贯彻落实情况。职代会闭会 1 个月后，对属于厂长（经理）重大决策方面的决议，检查各级行政所采取的具体措施的实施情况和实施效果，提出改进的意见或建议。如果属于涉及职工切身利益方面的决议，则要在执行过程中进行定期检查，一方面检查有关科室和基层行政部门的执行情况，另一方面采取设立意见箱、建立接待日和到职工群众中调查了解的方式检查其执行情况，发现偏差，立即报告，厂长（经理）责成有关部门纠正，并做好协调工作。

4. 写出书面总结。内容包括检查决议在贯彻执行中的经验和存在的问题，职工群众的反映，执行决议的效果。总结经联席会审议后向职工代表大会报告。

做好职代会决议贯彻落实的检查督促工作应注意三点：一是事先要做好充分准备，确定检查的内容和重点，拟定详细的检查督促方案；二是检查组成员要认真学习党和国家有关方针政策及有关企业管理知识，明确检查的要求、掌握检查的方法，对检查内容有一个一致的审查标准；三是检查中要本着实事求是的精神，既肯定成绩，总结经验，又找出差距，帮助改进。

[技能要求]

职工代表大会决议的主要落实途径

职代会闭幕后的主要任务就是由工会组织和协助职工代表向职工群众传达大会精神，发动和组织职工群众贯彻执行大会决议。

1. 发布落实决议通知

职工代表大会闭会后，企事业单位党委、行政、工会可以联合发布通知，向全体职工群众通报大会决议情况，号召全体职工认真学习决议内容，把大会决议自觉落实到行为上。

2. 通过职工代表落实职代会决议

落实职工代表大会决议是职工代表义务与职责，对于这一点，各企事业单位在其制订的职工代表大会实施办法中都有规定。

3. 对决议目标进行分解，以行政会议的方式进行落实

为了落实好大会各项决议，企业领导者可以通过联席会议的方式，确定落实各项决议的具体承担部门，并责令它们在规定的时间内拿出落实方案，方案除了上交企业领导部门外，还要交工会委员会一份备案。

第二单元　企业职工董事监事制度的实施

[理论知识]

一、职工董事、监事制度的基本概念

凡依法设立董事会、监事会的公司都应建立职工董事、职工监事制度。

职工董事、监事是相对于产权所有者的代表而言的，他们是由职工选举产生而不是由出资人委派产生。因此，他们的身份虽然可以称为"职工董事""职工监事"，并享有资方董事和监事相同的权利，但他们的代表性却非常明确，即在董事会和监事会上代表职工的利益。当然这种代表并不意味着与资方代表必然会形成利益的对立，而是通过参与高层次的决策，协调劳资双方的利益，促成企业利益共同体的实现。

推行职工董事、职工监事制度，在我国现行法律及党和政府的政策文件中都有明确规定，是建立现代企业制度，完善公司法人治理结构的重要内容；是维护职工合法权益，调动和发挥职工的积极性和创造性，建立和谐稳定的劳动关系，促进企业改革、发展、稳定的内在需要。

二、职工董事、职工监事的权利与义务

（一）职工董事、职工监事的权利

根据 2012 年新颁布的《企业民主管理规定》的规定，职工董事依法行使下列权利：

1. 参加董事会会议，行使董事的发言权和表决权；

2. 就涉及职工切身利益的规章制度或者重大事项，提请召开董事会会议，反映职工的合理要求，维护职工合法权益；

3. 列席与其职责相关的公司行政办公会议和有关生产经营工作的重要会议；

4. 要求公司工会、公司有关部门和机构通报有关情况并提供相关资料；

5. 法律法规和公司章程规定的其他权利。

职工监事依法行使下列权利：

1. 参加监事会会议，行使监事的发言权和表决权；

2. 就涉及职工切身利益的规章制度或者重大事项，提议召开监事会会议；

3. 监督公司的财务情况和公司董事、高级管理人员执行公司职务的行为；监督检查公司对涉及职工切身利益的法律法规、公司规章制度贯彻执行情况；劳动合同和集体合同的履行情况；

4. 列席董事会会议，并对董事会决议事项提出质询或者建议；列席与其职责相关的公司行政办公会议和有关生产经营工作的重要会议；

5. 要求公司工会、公司有关部门和机构通报有关情况并提供相关资料；

6. 法律法规和公司章程规定的其他权利。

（二）职工董事、职工监事的义务

根据 2012 年新颁布的《企业民主管理规定》的规定，职工董事、职工监事应当履行下列义务：

1. 遵守法律法规，遵守公司章程及各项规章制度，保守公司秘密，认真履行职责；

2. 定期听取职工的意见和建议，在董事会、监事会上真实、准确、全面地反映职工的意见和建议；

3. 定期向职工代表大会述职和报告工作，执行职工代表大会的有关决议，在董事会、监事会会议上，对职工代表大会作出决议的事项，应当按照职工代表大会的相关决议发表意见，行使表决权；

4. 法律法规和公司章程规定的其他义务。

三、职工董事、职工监事的工作程序

职工董事、职工监事应当围绕公司董事会、监事会会议议题，在参与决策前，深入到职工群众中，

充分听取广大职工和工会的意见和建议，广泛收集职工代表反映的情况，如实反映工会、职代会或代表团（组）长和专门委员会（小组）联席会等方面形成的意见。每次董事会、监事会后，由职工董事、职工监事向工会委员会通报情况。每年职工董事、职工监事向职工代表大会进行述职报告一次，接受职工代表大会的询问。职代会每年对职工董事、职工监事就履行工作职责等情况进行一次评议，并根据评议结果，对认真履行职工董事、职工监事职责的人员提出奖励意见。职工董事、职工监事的更换要按照民主程序进行，对不称职或者有严重过失的职工董事、职工监事由职代会罢免。

四、职工董事、职工监事制度的工作机制

在实际工作中，职工董事、职工监事要发挥应有的作用，需要企业及工会给予积极的支持，建立相应的工作机制来保证职工董事、职工监事切实履行职责。

（一）信息沟通机制

必须建立畅通的信息沟通机制，让职工董事、职工监事了解全面详细的情况。

（二）咨询参谋机制

从实践经验来看，可以为职工董事、职工监事成立"智囊团"之类的组织，还可以聘请咨询服务机构或有关专家、学者为职工董事、职工监事提供好的建议。

（三）监督机制

职代会对职工董事、职工监事的工作要监督检查。职工董事、职工监事应定期向职代会汇报，做述职报告，一年至少一次。由职工代表对他们进行评议，然后职代会做出决议。如果过半数职工代表对职工董事或监事工作不满意，就应该罢免或撤换，并做相应的替补。

（四）保护机制

职工董事、职工监事的权利受到法律保护，职工董事、职工监事依法行使职权，任何组织和个人不得压制、阻挠和打击报复。职工董事、职工监事任职期间及不担任职工董事、职工监事后，公司不得解除其劳动合同，或者做不利于其工作条件的岗位变动。

（五）工作指导机制

上级工会应加强对职代会和职工董事、职工监事工作的指导，加强对职工代表的培训，不断提高政策水平、业务水平和参与管理的能力，依法维护职工董事、职工监事的合法权利。

五、职工董事、职工监事制度的创新

（一）建立职工董事、职工监事的述职制度

为使职工董事、职工监事能做到真正地代表和维护职工合法权益，有必要建立职工董事、职工监事的述职制度。

职工董事、职工监事每年须向公司职代会述职，自觉接受职工群众的监督。

职工代表可对职工董事、职工监事的工作进行评议；职工董事、职工监事对职工代表的质询做出答复，对个别职工董事、监事确实因某种原因不能胜任时，职代会或职工大会可依法定程序，对职工董事或职工监事进行罢免或更换。

（二）建立职工董事、职工监事联系群众的制度

职工董事、监事要议事，首先必须"懂"事，既要全面了解现代企业经营管理知识，也要经常深入

职工群众之中，做广泛深入细致的调查。只有倾听职工的呼声，掌握第一手材料，才能使参与决策和监督有理有据，做到参政参到点子上，议事议到关键处。也才能在参与决策和监督时充分反映职工的意见。具体做法是：一是建立职工群众接待日，或通过召开职工群众座谈会等形式，直接征求和听取职工群众的意愿和要求；二是设立职工董事、监事联系箱，收集职工对公司发展及存在问题的改进建议。

（三）建立职工董事、职工监事了解企业情况的制度

公司和工会应当为职工董事、职工监事全面了解、掌握公司各类情况提供必要条件；公司应把有关生产经营的文件等发给职工董事、职工监事；职工董事、职工监事可以列席公司有关会议，并可到公司有关部门进行调研、巡视、查阅有关文件资料。

（四）建立职工董事、董事会参与决策前的论证制度

由于多方面的原因，职工董事、监事在参与公司重大决策方面有许多不适应的地方，其主要表现是：对自己的职责不明了；对现代企业经营决策不熟悉；对党的路线、方针、政策和上级的要求领会不够，不能理直气壮的发表意见，履行职责。因此，应建立职工董事参与董事会重大决策前的论证制度，每次召开董事会之前，董事会应将会议有关文件发送给职工董事，职工董事收到公司董事会议题和有关文件后，公司工会应牵头召开职工代表团组长联席会，协助职工董事对重要议题进行分析论证。

（五）建立职工董事、职工监事的培训制度

职工董事、监事素质的高低决定了他们作用发挥的大小。要花大力气加强对职工董事、监事的培训，培训内容主要为三个方面：一是现代企业管理知识；二是党和国家的方针政策与法律法规；三是工会工作和职工民主管理方面的知识。

（六）建立职工董事、职工监事权益保障制度

一是职工董事、职工监事依法行使职权，任何组织和个人不得压制、阻挠或打击报复；二是职工董事、职工监事因履行职责（含参加培训等）占用工作时间，按正常出勤享受应得待遇；三是职工董事、职工监事在任职期间。除因个人严重过失外，公司不得与之解除劳动合同或作出不利其就业条件的岗位变动。

技能要求

职工董事、职工监事制度实施的要点

（一）把握正确发挥作用的原则

职工董事、职工监事履行职责，既要考虑职工劳动者的权益，又要考虑企业出资者的权益，即"双赢原则"。在工作中要坚持"两个维护"的统一。

（二）在决策中要讲求工作方法

1. 会前发挥好调研作用

董事会、监事会作为高层决策监督机构，其决策过程包括方案制定和方案实施两个阶段。在召开董事会、监事会前要围绕中心议题通过多种途径，采取多种形式进行调查研究工作。实践中，我们注意结合企业实际，通过职工代表巡视、建立经理联络员制度、召集职工座谈会等多种形式，广泛听取职工群众意见要求，充分做好参加会议的前期准备工作。

2. 会中发挥好参与作用

在董事会、监事会决策企业生产经营重大问题，制定重要规章制度，讨论有关职工工资、福利、安

全、卫生及劳动保护、劳动保险等重大问题以及涉及职工切身利益的问题时，职工董事、职工监事都要代表职工充分地表达和反映职工的意愿要求，表明自己的态度，从源头上加强参与和监督，切实维护好职工的合法权益。

3. 会后发挥好监督作用

注意协调各方关系，使董事会、监事会决议、决定落到实处。并通过职代会、代表团（组）长联席会、工会例会等形式，将董事会、监事会会议精神传达到全体职工，动员职工认真贯彻执行。同时，通过职工代表巡视等形式，对董事会、监事会的各项决议、决定，特别是有关职工切身利益的决议、决定的落实情况进行检查监督，发现问题及时沟通解决。

（三）不断提高职工董事、职工监事素质

要想发挥好作用就必须不断提高自身素质，从思想政治素质、文化知识素养、经营管理知识、决策协调能力等方面进行学习提高。只有这样才能在参政议政和实施监督中发挥好职工董事、监事的作用。

第三单元　市场经济国家的员工参与制定和方式

【理论知识】

国外员工民主参与的一般形式

国外员工民主参与已发展了一百多年的时间，出现过各种员工民主参与的形式与制度。概括起来说，主要有以下几种形式。

（一）集体谈判

集体谈判是西方国家劳动关系管理中核心制度之一，也是员工通过工会组织参与管理的一种有效手段。西方国家大都通过立法形式规定集体谈判的具体内容、机制与做法，并赋予工会作为员工代表与资方进行谈判的资格。在实际的谈判过程中，会有三个权力主体参与其中，即管理层、工会和政府。管理层代表雇主组织的利益；工会则代表组织员工的利益；政府在不同国家扮演着不同的角色，但不管政府是直接参与谈判还是间接参与谈判，政府扮演的一般都是"中间人"的角色，在劳资双方之间寻找平衡，是作为一种补偿力量而发挥作用。

从员工与工会的角度来看，集体谈判对员工参与管理具有双重作用。一方面，工会与员工要想取得良好的谈判结果，离不开对企业生产经营和管理状况的深入了解，提出任何修止企业现行管理政策的要求，都要有真凭实据，因此，这就要员工主动参与企业管理。另一方面，集体谈判也是签订集体合同的实际过程，确定劳资双方各自的权利与义务，也是在为员工自己制定行为准则。因为这牵扯到员工的切身利益，员工大都会为谈判的顺利进行出谋划策。

当前，集体谈判有两种发展趋势，一是谈判范围分散化，职责想基层转移；二是谈判的内容不断扩大。西方国家传统上盛行产业或全国一级的集体谈判，这种谈判的社会影响力大，谈判双方都容易从中找到有利于自己的一面，但这种谈判所形成的主要决策经常远离实际生产部门，并最终损害双方的利益。因此，集体谈判便向公司、工厂一级，甚至车间一级发展，全国性的集体合同由地方性合同补充，地方的工厂和工会就该厂中特定的工作条件进行谈判。在谈判内容上，过去许多国家集体谈判的内容只限于工资和劳动条件，现在谈判的范围扩大了，如工会权利、员工代表权利、参与管理形式、假日和养老金等方面的优惠，大都列入谈判范围，甚至人事、公司投资及搬迁等过去被认为是资方管理特权的问题也被列入谈判范围。

（二）工人委员会制

在欧洲国家，工人委员会制是一种较为广泛采用的形式。从组织上看，基本上分为两种形式。一种是由企业管理者代表和员工代表按人数对等原则组成，类似劳资联席会议；另一种是由工厂全体员工选出的员工代表组成，不论是否是工会会员都可以当选员工代表。在一些欧洲国家，工人委员会被认为是员工影响企业决策的"双轨体系"的一部分。工会参与到集体谈判和政治性的院外活动之中，而工人委员会则在工作场所上被赋予更大的权力。1972年，德国通过法律对工人委员会的权利做出规定，包括在人力资源事务上有信息被完全告知的权利，抗议计划中的解雇的权利以及在如雇佣、调动、分类和工资结构等问题上提出建议和表示同意的权利等。在很多情况下，工人委员会是其他员工民主参与形式的基础和平台。然而在有些国家，工人委员会并没有达到最初建立时预期的效果，往往变成空谈的场所。

（三）员工董事、监事制

董事会或监事会中的员工代表制度是公司最高管理机构中的员工参与制度。多数欧洲国家有在董事会层次设立员工代表的法律要求，在20世纪早期，欧共体也通过一个草案，要求各成员国在雇员超过1000人的组织内建立员工董事，作为员工参与的一种模式。在实践中，这种体制可分为一级委员会制（董事会）或两级委员会制（监事会和管委会）两种形式。在德国、荷兰、奥地利，公司一级均设有监事会和管委会两级员工代表制。在其他国家，有的只在公司董事会一级实行员工代表制，还有的只在底层的部门董事会中设有员工董事，员工董事的职责是作为部门管理者的顾问。在各种体制中，员工代表少则一人，多则占到三分之一，只有德国按劳资双方人数对等原则组成监事会。员工董事或监事一般由全体员工选举产生，地方工会有的可派代表参加董事会，员工代表有权参加董事会或监事会的种种会议，和管理费代表、股东代表共同行使对企业经营管理、销售、技术、劳动、财务等方面的决策权、监督权和部分人事任免权。

员工董事、监事制的意义在于，员工董事在员工和雇主之间建立了一个结合体，员工董事通过提供他们的观点和经验提高了决策会议的质量和决策的质量，员工的利益要求也能够更多地在企业决策中得以体现，确保员工对董事会的决策有更大的认同，并且通过让员工了解管理方的问题和西纳之条件来减少劳资冲突，创造一种劳资相互信任的氛围，促进劳资合作。

（四）员工自治小组

员工自治小组是车间和班组一级工作现场员工直接参与经济管理的一种形式，它是由班组成员自行安排小组计划，决定完成生产任务的方式，并且从事技术改革和质量改进等项工作。与其他形式不同，这一的参与更直接，员工也被授予更大的责任和权力对工作任务本身做出决策。这种参与形式的出现，主要原因是企业生产进一步社会化，并导致生产分工更加细密，要求员工之间有更多的合作并在完成任务上担负更多的责任。

员工自治小组最具代表性的形式就是质量圈管理，它最初起源于美国，20世纪50年代传到日本，被日本企业发扬光大，成为日本哦提高产品质量、降低生产成的重要原因之一。员工自治小组可以在企业生产经验中的许多领域中找到自己的用武之地。这种小组从一定意义上充当了管理者的角色，他们为员工提供了影响管理者决策和锻炼领导能力的机会，同时，员工在工作现场进行参与也会对管理人员造成一定的压力，促使他们也要不断提高管理工作业务的能力，从而在整体上提高企业管理水平。

员工民主参与的度量

作为企业劳资合作的理想形式，员工民主参与管理对企业的经营管理和业绩发展会产生重要的影响。也就是说，企业管理者在做出决策时，吸引员工和工会参加，考虑员工和工会方面的意见和立场，会让他们有更强烈的"主人翁"感，这样可以保证在实施决策过程和企业实际工作中员工更有责任心。在实践中，员工民主参与管理的实施可以表现在两个层面上：在宏观层面上，员工以集体形式参与，主要通过工会和员工代表与管理者进行企业管理上的合作；在微观层面上，员工的参与状况主要取决于管理者选用的管理方式一级政府法律、法规的要求等。这就是说，员工的参与状况在不同的企业和不同的国家会有很大的区别。衡量这些区别的尺度主要有三种。①

（一）参与过程的种类

参与过程的种类有几种度量标准：（1）员工的参与是被迫的还是自愿的。在政府规定和要求员工要与管理者共同决策和共同管理的情况下，这时的参与往往就是被迫的。自愿的参与则在这样的情况下出现：管理者提出员工参与的要求，员工自愿接受这种要求。（2）员工的参与是正式的还是非正式的。正式的参与是指要建立管理者与员工共同管理的委员会；非正式的参与则是基于管理者与员工之间的合约和协定。员工参与的发展趋势是正式的参与。（3）员工的参与是直接的还是间接的。直接的参与是通过一个有许多员工参加的正式会议来进行共同决策；间接的参与是通过选举代表，由代表成立的理事会来共同决策。需要指出的是，以上三种度量标准并不是彼此独立的或不相关的，而是相互联系的。一般来说，非自愿的参与倾向于正式的和间接的，而自愿的参与倾向于非正式的和直接的。

（二）参与度

员工参与度的变化范围可以从无参与到完全由员工控制不等。具体来说，可以分成几种情况。（1）无参与。尽管员工不参与共同管理，但管理者对于决策和管理的有关信息可以采取两种不同的态度。一种是完全不透露任何有关决策和管理的具体信息；另一种是管理者事先可以向员工提供关于决策和管理的详细信息。（2）不同程度的磋商。这又可以分成两种情况。第一种情况是在管理者做出决策之前，就有关问题向员工做出解释，并征求员工的意见，然后管理者独立地做出决策。第二种情况是，管理者不但向员工征求意见，而且在自己的最终决策中充分反映员工的意见。（3）联合或共同决策。员工与管理者共同对有关问题进行分析，并共同做出决策或决定。一般来说，在共同决策的情况下，员工与管理者对最终决策的形成有同样大的影响力。（4）员工的完全控制。这是指员工班组中的某个人或某些人被赋予对有关他们自己的问题进行管理的权力，管理者在非例外的情况卜不得干预。

（三）参与管理的内容

员工参与管理的内容也是衡量参与状况的重要指标。员工参与管理的内容可以分成以下三组：（1）工作层面的问题和工作条件。其中包括任务分配、工作方法、工作程序设计、工作目标、工作速度、工作时间、休息时间、设备的安置以及工作安全等。（2）决策层面的有关问题。其中主要有雇佣和解雇、培训和激励、工作纪律与工作评估、工资发放与意外事故补偿及其标准，等等。（3）企业层面或企业战略层面问题。其中包括管理者的雇佣与使用、利润分成与财政计划、产品发展与市场营销、资本投资与

---

① 郭庆松编著：《企业劳动关系管理》，南开大学出版社 2001 年版，第 145 页。

股票分红、产品选择、工厂选址和投资等。必须指出的是，在大多数情况下，员工参与管理的内容主要涉及前两个层面的问题，只有极少数情况下，员工参与能够涉及企业层面有其是企业主要战略问题。

（四）管理阶段的参与度

一般来说，一个全面的管理要经过这样一些主要的阶段：（1）发现问题，即通过各种途径发现问题的存在，而且这些问题是企业重要的问题，需要通过加强管理来加以解决。（2）搜集信息，也就是要了解所发现问题的症结所在，并针对这种症结，搜集相关信息。（3）寻找解决办法，即针对发现的问题，并依靠搜集的信息，寻找解决问题的各种办法。（4）评估解决办法，也就是说，针对不同的解决办法，鉴别其优缺点，评估其代价和效果。（5）选择解决办法，即在上述评估的基础上，选择最好的办法。（6）实施解决办法，也就是要将选择好的解决办法在企业管理实践中加以施加。可以看出，员工在上述各个阶段的参与程度不同，其在总体上的参与状况是大不一样的。员工在有些阶段的参与是非常有效的，在有些阶段的参与则不一定有效。比如，对于企业战略层面的问题，员工在搜集背景信息和解决办法的实施这两个阶段的参与就不一定有效；而对于工作层面和工作条件的问题，员工在这两个的参与就是十分奏效的。

（五）对参与问题的原始态度

企业管理的员工参与状况与管理者和员工双方对参与管理的原始态度也是密切相关的。如果双方是用一种合作的态度、公开交流的方式来加强企业的管理，寻找解决各种问题的办法，那么，员工参与的结果就是积极的，最终会有助于企业管理的有效开展，并且有助于各种问题的很快解决，从而实现真正的企业劳动关系的合作；如果双方是用一种敌视的态度、封闭的或有保留的交流方式来开展企业管理方面的合作，寻找解决问题的办法，那么，员工参与的结果就是被动的，这样，就很难促进企业管理的有效开展，也很难推动问题的有效解决，从而很难实现真正意义上的企业劳动关系的合作。

辅导练习题

一、单选题

1.（　　）是职工代表大会的组织原则，也是职工代表大会的基本制度，它是职工代表大会协调行动、集中意志、充分发挥作用的重要保证。

A. 民主集中制

B. 民主协调制

C. 民主选举制

D. 民主投票制

答案：A

2. 企事业单位的职能部门是职工代表大会通过的决议的主体。为了落实好大会各项决议，企业领导者可以通过（　　）的方式，确定落实各项决议的具体承担部门，并责令它们在规定的时间内拿出落实方案。

A. 联席会议

B. 小组会议

C. 部门会议

D. 集体会议

答案：A

3. 职工代表大会主席团是职工代表大会会议期间的组织领导机构，并主持会议。其成员应包括工人、技术人员、管理人员和企业的领导干部。（　　）必须是本届职工代表大会的正式代表，其人数可根据职工代表人数多少决定。

A. 主席团成员

B. 工人

C. 技术人员

D. 管理人员

答案：A

4. （　　）是职工代表大会的组织原则，也是职工代表大会的基本制度，它是职工代表大会协调行动、集中意志、充分发挥作用的重要保证。

A. 民主集中制

B. 民主协调制

C. 民主选举制

D. 民主投票制

答案：A

5. 职工董事、职工监事制度的工作机制不包括（　　）。

A. 信息沟通机制

B. 咨询参谋机制

C. 监督机制

D. 财政协助机制

答案：D

二、多选题

1. 职工代表大会决议的主要落实途径包括（　　）。

A. 发布落实决议通知

B. 通过职工代表落实职代会决议

C. 对决议目标进行分解，以行政会议的方式进行落实

D. 在信息公开栏发布落实决议通知

答案：ABC

2. 职工董事、职工监事制度的创新包括（　　）。

A. 建立职工董事、职工监事的述职制度

B. 建立职工董事、职工监事联系群众的制度

C. 建立职工董事、职工监事了解企业情况的制度

D. 建立职工董事、职工监事的监察制度

答案：ABC

3. 国外员工民主参与已发展了一百多年的时间，出现过各种员工民主参与的形式与制度。概括起来说，主要有以下几种形式（　　）。

A. 集体谈判

B. 工人委员会制

C. 员工董事、监事制

D. 职工代表大会制

答案：ABC

第六章

员工申诉与劳动争议处理

学习目标

1. 了解群体性突发事件的概念、特征和具体表现形式。
2. 掌握群体性突发事件的一般处理方式。
3. 掌握危机管理的一般概念和危机处置的基本原则与方法。
4. 理解企业劳动关系预警机制的有关知识。
5. 理解劳动争议产生的原因和影响因素，掌握劳动争议预防的有关知识。

第一节　突发事件处理

第一单元　突发事件处理

理论知识

一、危机管理的理论

（一）危机管理的概念和特征

1. 危机管理的概念

危机管理是指组织通过危机的事前监控、事中处理与事后恢复，最大限度地降低或消除危机带来的损害的一系列过程①。

2. 危机管理的特征

（1）危机管理的可预防性

从理论上来说，不论是人为危机还是自然危机都是可以预防的，通过采取有效的管理手段进行监测与控制，用人单位可以将危机扼杀在萌芽状态。

---

① 余明阳、张慧彬等：《危机管理战略》，清华大学出版社 2009 年版。

（2）危机管理的系统性

危机管理体系中涉及的组织领导管理、管理决策与评估、人力资源管理、信息管理、沟通管理等领域的内容并不是各类学科知识的简单堆砌与叠加，也不是各种互不相关的知识与论证的机械组合，而是根据危机管理本身形成的一个有机联系整体。

（3）危机管理的灵活性

在危机管理的过程中，一方面要遵循危机管理的规律，循序渐进；另一方面，对随时出现的新变化与新形势，必须在短时间内做出迅速的决策，见机行事，因时因地制宜。

（4）危机管理的开放性

危机管理本身并不是一个封闭的系统，尤其是设计劳动保障事务的危机管理事件涉及的人员数量和造成的社会影响往往较大，因此，危机管理的环境应该是开放性的、对象是多元化的。

（二）危机处置的原则和方法

1. 危机处置的原则

正确处理危机，管理人员应当遵循以下原则：

（1）主动性原则

主动性原则包括两个方面：一是建立信息发布机制，它要求危机管理者主动提供危机事件的相关情况；二是主动承担责任。危机管理者应该首先表示出愿意承担责任的意愿和气魄，争取解决危机的主动和有利的舆论氛围。

（2）快速性原则

危机发生后的 24 小时，是危机处理的黄金时间。

（3）真实性原则

危机爆发后，企业必须主动向公众提供事实的全部真相，而不必遮遮掩掩，以免增加公众的好奇、猜测甚至反感。

（4）诚意性原则

诚意性原则就是要求企业在面对公众尤其是危机事件的受害者时，以真诚、诚恳的言行和态度来处理事件，以安慰和弥补他们在精神和情感上所遭受的伤害。

（5）公众利益至上原则

公众的权益高于一切，在未击中切实保护公众的利益，把危机对公众造成的损失降到最低是企业处理危机时的最根本要义。

（6）专业性原则

专业性原则是指在危机处理时要进行专业化的管理。

（7）利益兼顾原则

处理危机时，企业不能只考虑眼前的经济利益，但是又不能抛开经济利益。

2. 危机处置的方法

一般来说，危机处置的方法主要分以下几种：

（1）危机中止

危机中止针对的是危机诱因，这在危机尚未曝光或者负面影响尚不严重之前尤其重要。

（2）危机隔离

隔离策略旨在将危机的负面影响隔离在最小的范围内，避免造成更大的人员伤亡和财产损失，殃及企业其他的部门或相关的公众。隔离策略主要有以下两种情形。

第一，危害隔离。危害隔离即对危机采取物理隔离的方法，使危机所造成的财产损失尽可能控制在一定的范围之内。第二，人员隔离。危机发生后，应进行有效的人员隔离，即在人员资源上让以危机管理者为首的危机管理小组成员专门负责处理危机，其他人则继续从事企业的正常生产经营活动，防止危机对企业正常的生产经营活动造成更大的冲击。

（3）危机消除

危机消除旨在消除危机所造成的各种负面影响，转变人们的态度和看法。

（4）危机利用

危机事件作为组织需要妥善解决的事件之一，在给组织带来不利影响的同时，如应对妥当，则有可能在解决危机的同时将之转变为组织发展的契机。

二、突发事件的概念和特征

《中华人民共和国突发事件应对法》第三条规定，突发事件是指突然发生，造成或者可能造成严重社会危害，需要采取应急处置措施予以应对的自然灾害、事故灾难、公共卫生事件和社会安全事件。

群体性事件是指 10 人以上（含 10 人），聚众共同实施的违反国家法律、法规、规章，扰乱社会秩序、危害公共安全、侵犯公民人身安全和公私财产安全行为的事件。

群体性突发事件是指突然发生的，由 10 人以上（含 10 人）共同实施的，造成或者可能造成严重社会危害，需要采取应急处置措施予以应对的公共事件。如今群体性突发事件已成为影响社会和谐稳定的重要因素之一。

三、突发事件的表现形式

突发事件是组织运行过程中危机的表现。在不同的领域，以不同的视角，采用不同的思维方式，对突发事件的认识、理解是不一样的。在劳动关系领域，通常可以将突发事件描述为带来高度不确定性，对生产经营的正常秩序具有高度威胁性，特殊的、可以多种形式发生的非预期性事件。劳动关系运行中突发事件的重要表现形式是重大劳动安全卫生事故、集体劳动争议以及其他突发事件。

（一）重大劳动安全事故

企业的重大劳动安全事故是劳动关系运行中突发事件的第一种表现形式。具体表现为：

1. 重大工厂安全技术事故

（1）厂房、建筑物和道路的安全事故。

（2）工作场所、爆炸危险场所的安全事故。

（3）机器设备的安全事故。

（4）电气设备的安全事故。

（5）动力锅炉、压力容器的安全事故。

2. 矿山安全事故

矿山开采和作业场所的安全事故，如冒顶、滑坡、塌陷、爆炸等。

3. 建筑安装工程安全事故

施工现场、脚手架、土石方工程、机电设备等的安全事故。

（二）重大劳动卫生事故

因未有效地执行国家劳动卫生规程，致使较多的劳动者发生职业危害或其他重大劳动卫生事故。例如，有毒有害物质危害、粉尘危害、噪声和强光刺激、电磁辐射危害、中暑、冻伤，以及职业病防治不力等导致的突发事件。

（三）重大劳动争议

重大劳动争议包括重大集体劳动争议和集体合同争议，特别是订立、变更集体合同争议以及履行集体合同争议。

（四）劳资冲突

劳资冲突是由于劳动关系双方利益矛盾的积蓄和发展，同时又没有通过恰当的方式予以处理，劳动关系双方的矛盾激化和公开化，劳动者以某种特定的方式自发地、群体性地表达自己的诉求和争取保护自己权益的社会行为。其形式表现为集体请愿、上访、示威、集会、游行、怠工、停工、罢工甚至阻碍道路交通灯集体行动。这类突发事件属于劳动者为争取自己的合法权益而采取的集体抗争行为。

（五）其他突发事件

其他突发事件是指劳动关系的当事人，或负有重大职责的职工不履行或不适当履行劳动合同、集体合同或内部劳动规则规定的义务，违反法律、法规，从而给企业的正常生产经营秩序或生产经营条件带来重大影响的时间，如因企业重大人事政策调整或生产经营决策失误而导致严重的经济性裁员，财会人员携款外逃致使企业现金周转困难，因企业重大商业秘密失密而造成企业产品或服务市场的巨大变化等。

三、群体性突发事件的特点

（一）突发性和不可预期性

突发性和不可预期性是突发事件的典型特征，但是这种突发性和不可预期性蕴含着其内在的必然性。

（二）群体性

群体性突发事件通常涉及多个劳动者，影响到处于同一条件下的其他劳动者，他们有着共同的利益要求，即使是个别重大工伤事故，也会影响到其他劳动者的情绪。

（三）社会的影响性

重大劳动安全卫生事故、重大集体劳动争议以及劳资冲突等突发性事件除可表现为一般劳动关系纠纷的形式外，有时还会以消极怠工、静坐、罢工、示威、请愿等形式出现，涉及面广，影响范围大，甚至超越事发地区，有的甚至造成国际性影响，

（四）利益诉求特定性

劳动关系运行中的突发事件，其实质多是劳动关系领域中的利益矛盾或利益冲突。它与企业的生产经营秩序和生产经营条件、劳动者的生命和健康状况、劳动者的职业保障及生活有着直接的联系。

技能要求

一、突发事件的处理概述

（一）突发事件处理概要

突发事件处理对策的基本要素是突发事件预警和突发事件处理。

重大突发事件发生时应做到：第一，准确迅捷的信息传递；第二，及时的信息确认，杜绝任何形式的信息偏误；第三，科学地理解信息以及据此信息作出迅速反应。

（二）突发事件处理的一般流程

1. 突发事件处理的准备。一旦突发事件预警不能发挥作用，那么就应该做好准备，实施突发事件处理。

2. 突发事件确认。突发事件确认包括正确将突发事件归类和收集与突发事件相关的信息，以确认突发事件的程度。企业突发事件处理信息系统、决策系统、指挥系统、后勤保障系统、财务支持系统应按突发事件管理者制度规范有效运作。

3. 突发事件控制。突发事件控制需要根据不同情况确定工作的优先次序，由集权化的突发事件管理机构做出决定，迅速反应。

4. 突发事件解决。在突发事件解决过程中，最关键的是速度。如果能及时、有效地化解突发事件，可以避免突发事件给企业造成的损失。

二、重大突发性事件的预防

集体劳动争议或纠纷的出现和上升趋势属于市场经济发展过程中的客观现象，问题的关键在于如何缓解。

（一）建立集权化的突发事件管理机构

在企业内部建立起一个职责清晰、权责明确的突发事件管理机构。

（二）建立突发事件预警机制

突发事件预警的关键是建立企业突发事件预警机制，包括健全突发事件防范制度，保障突发事件信息传导畅通，设计应对突发事件的措施。

1. 风险分析和风险评估

风险分析。确认风险和威胁，必须明确风险的来源和种类，企业突发事件管理者通过风险分析，在企业内制订相应的计划和措施。

风险评估。风险评估在于评价防范风险资源分配的先后顺序，列出资源分配等级顺序清单。

2. 企业突发事件预警信息

企业突然事件的爆发一般都有一定的征兆，企业的管理层必须通过企业信息沟通制度及时捕捉到这些信息，使企业劳动关系的运行避开突发事件。

3. 突发事件预警传导

突发事件预警传导的主要包括：行业突发事件预警、重大突发事件预警以及地域突发事件预警等。

三、重大劳动安全卫生事故处理

（一）提高防范劳动安全卫生事故的意识

重大劳动安全卫生事故处理的前提就是使全体职工时刻保持事故意识。

（二）针对事故可能性进行事前评估

事前评估的主要内容可以从以下几方面进行预测分析：

1. 事故发生的可能性。对企业发生重大劳动安全卫生事故的可能性进行定量预测并划分等级，预先有重点地采取应对措施。

2. 事故所处阶段特征的预先描述。一般分为：事故潜伏期、慢性危险期、事故爆发期、事故消解期。

3. 事故损害度的预先评估。包括：人员伤害、营业额损失、资产与品牌损失、财物损失等。

4. 事故可能涉及的法律、法规。

5. 事故可能涉及的赔偿范围。预先设定赔偿的责任范围。

6. 事故管理费用。

（三）企业出现重大劳动安全卫生事故的处理程序与要求

1. 事故报告。《劳动法》规定，国家建立伤亡和职业病统计报告和处理制度。县级以上各级人民政府劳动行政部门、有关部门和用人单位应当依法对劳动者在劳动过程中发生的伤亡事故和劳动者的职业病状况进行统计、报告和处理。因此，发生重大劳动安全卫生事故，企业负责任必须及时了解事故情况，并应立即报告当地综合经济管理部门、劳动行政部门、公安部门、检察院和工会。综合经济管理部门、劳动行政部门接到死亡、重大伤亡事故报告后，应立即按系统程序逐级上报。死亡事故报至省级政府主管部门、劳动行政部门；重大伤亡事故（一次死亡 3 人以上）报至国务院主管部门、劳动和社会保障部门。发生重大劳动安全卫生事故的企业应当保护事故现场，采取一切必要措施抢救人员和财产，防止事故扩大；稳定全体职工的情绪和正常的生产工作秩序。伤亡事故发生后隐瞒不报、谎报、迟报，故意破坏事故现场的，应承担行政责任；构成犯罪的，由司法机关依法追究刑事责任。

2. 事故调查。一般事故调查。由企业负责人或其指定人员组织生产、技术、劳动安全卫生等有关人员以及工会成员参加事故调查组，进行事故调查。死亡或重大伤亡事故配合调查。发生死亡或重大安全事故，企业应成立由企业劳动安全卫生第一负责人和企业生产、技术、劳动、工会等部门负责人组成的事故处理领导小组，处理相关事务。死亡或重大伤亡事故由一定级别以上的综合经济管理部门、劳动行政部门、同级工会、公安部门、监察部门、检察院以及有关专家联合组成调查组，进行事故调查。事故调查组有权向发生事故的企业和有关单位、有关人员了解情况，索取有关资料。企业事故处理领导小组及其有关人员必须配合调查组的工作，不得阻碍、干涉调查组的正常工作，并未调查组的工作提供一切便利条件。

3. 事故处理。在事故调查组提出事故处理意见和防范措施后，企业事故处理领导小组及其主管部门负责处理。

第二单元　劳动冲突预防

理论知识

在劳资冲突频发的今天，除了建立一套完善的劳动争议处理机制对劳动冲突进行事后处理之外，还需要构建一系列完善的劳资冲突预防机制，将劳资冲突化解在萌芽阶段，减少劳动争议案件的数量。

一、劳资冲突预防的概念

劳资冲突，是指劳动关系当事人之间因劳动权利与义务的认定和实现所发生的纠纷。劳资冲突的预防，通常是指劳动行政机关、企业主管部门、工会以及劳动争议仲裁组织机构依照相关法律、法规，事先采取各种有效措施，积极防范和制止劳资冲突发生的活动。同劳资冲突处理相比，劳资冲突的预防是解决劳动纠纷的前置活动，是为了防止劳动争议的发生及矛盾激化而预先采取的防范性措施，是一项解决劳动争议的积极措施。

二、劳资冲突预防的意义

预先采取有效的措施，降低劳资冲突发生的频率具有十分重要的意义：

1. 有利于保持和谐稳定的劳动关系

和劳资冲突的产生源于劳动关系双方主体的摩擦和矛盾，是劳动关系不和谐的表现。有效的劳动争议预防措施，有助于缓和争议双方主体的矛盾和摩擦，消除对立，预防劳动争议的发生，促使企业内部形成相互尊重、平等协商、共谋发展的态势和格局。

2. 有利于企业经济效益的提高，促进企业自身的健康发展

企业经济效益的提高以及自身的健康发展，离不开全体员工的共同努力，企业内部发生劳资冲突，不管结果如何，都会直接影响员工与企业之间的感情，使员工对企业产生不信任感，从而影响员工的工作热情和积极性，出现消极怠工、不负责任等现象。劳资冲突如果处理不善还会影响到整个员工队伍的和谐稳定，甚至升级为群体性事件。

3. 有利于保护员工的合法权益，增加员工福利

通过采取有效的劳资冲突预防措施，避免或减少劳资冲突的发生，员工就能把更多的精力投入到更有益的事情上，从而增加员工的福利。

4. 有利于减少冲突解决的成本

采取适当的预防措施，就会使多数可能会发生的劳动纠纷在企业层面得到解决，从而节约争议解决的成本。

三、劳资冲突预防的措施

有效的劳资冲突的预防需要政府、用人单位和劳动者之间的相互合作，共同做出努力，需要各方采取措施积极预防劳动争议案件的发生，运用各项措施避免用人单位和劳动者产生矛盾和纠纷。下面根据不同的主体来分别介绍劳资冲突的预防措施：

1. 政府及相关部门

（1）加快制定和完善劳动法律法规

政府及相关部门需要进一步完善劳动立法，对现有的劳动法律、法规加以修改和补充，减少法律"真空地带"。同时，对于已不适用的、容易对劳动争议解决造成混乱的法律法规应进行修改或废止，尽量避免和消除法律法规之间的不一致性。

（2）加强法律法规的宣传、教育工作

劳动法律意识和法制观念是人们对劳动法律的认识和态度，劳动法律意识与法制观念的提高，将会增强执行劳动法的自觉性，使企业和员工双方能够做到、知法、懂法和守法。这样，劳动关系的双方在维护自己的劳动权益时就不会侵犯对方享有的劳动权益，从而避免劳资冲突的发生。

（3）建立并完善劳动监察体系

劳动监督检查制度是指法定监督主体为保护员工合法权益，依法对劳动法主体遵守劳动法的情况进

行监督和检查的活动。该制度是以国家公力对劳动关系的干预，从而保证劳动法律、法规、规章的贯彻执行和劳动关系的协调稳定。

（4）充分发挥三方协商机制在劳动关系协调和处理中的作用

三方协商机制是市场经济条件下，劳动关系发展的产物。三方协商机制作为处理劳资冲突的有效手段在我国还处于初级阶段，劳资双方还缺乏正确的认识。为了预防劳资冲突的发生，政府有责任推动和完善三方协商机制。

（5）建立群体性事件监控预警机制，妥善处理集体劳资冲突

集体劳资冲突往往会造成巨大的经济损失，危害社会秩序的稳定，甚至会导致人员伤亡。因此，需要由政府部门牵头建立群体性事件监控预警体系，定期对影响社会稳定的因素进行排查，对排查出来的隐患和问题及产生的原因要进行认真的分析研究，对一些可能引发群体性纠纷事件的重点监控企业，应主动出击，努力遏制突发事件的苗头，有效预防集体上访和群体性事件的发生。

2. 用人单位

（1）依法制定并完善的企业规章制度，注重制度化管理

制定完善的规章制度，对于企业而言，不仅保证了企业生产经营活动的顺利进行及企业目标的实现，也是调动职工群众积极性和创造性的有力措施。制度化管理对规范企业的管理起着至关重要的作用。

在制定企业规章制度时需要注意以下几点：一是规章制度要注重合法性与合理性的统一，既严格规范又有可操作性，努力消除规章制度的"盲点"；二是企业对严重违反规章制度的劳动者行使解除权的关键是要制定依法的、符合实际的职工奖惩办法，明确何种情况达到违反规章制度"严重"级的程度；三是对类似"重大损害"等行为要细化和量化相应内容，以便对员工的处理有据可依；四是制定或修改企业规章时，必须向劳动者履行告知义务。

（2）加强劳动合同的管理，注重契约化运行

加强劳动合同管理对预防劳资冲突的发生，保持劳动关系和谐稳定具有积极的作用。其中，加强劳动合同管理主要包含三个方面的内容：首先，企业必须签订书面劳动合同，在管理上注重劳动关系的契约化；其次，签订劳动合同要符合法律规定，坚持平等自愿、协商一致的原则，明确界定劳动合同双方的权利和义务，同时语言表述要准确、避免歧义，以免在合同中埋下发生纠纷的隐患；最后，劳动合同的履行、变更、解除、终止及续订，都需要按照法定的程序和要求办理。

（3）加强企业民主管理

企业民主管理，是指员工通过法定的职工代表大会以及工会等形式，依法参与企业的生产和经营管理、监督企业经营管理者以及协调劳动关系的活动。

（4）改善劳动条件和工作环境

工伤事故和职业病是劳资冲突的主要内容之一，员工健康是用人单位的生命线，雇主绝不可以掉以轻心。用人单位不仅要在思想上树立起以人为本的理念，在行为上更要身体力行。

3. 劳动者

（1）提高自身的法律意识

劳动者应当加强自身对劳动法律法规的学习，熟悉企业内部规章制度，积极参加政府和企业组织的法律法规的宣传、培训活动，努力提高自身的法律意识，学会运用法律手段维护自身合法权益。劳动者自身法律意识的提高一方面有助于加强其对企业经营管理行为的监督，促进企业的规范化管理；另一方面也有助于约束劳动者的行为，避免违规操作情况的出现，降低劳动安全事故发生的概率，进而有效地预防劳资冲突事件的发生。

（2）妥善运用申诉渠道

劳动者的申诉往往关系到职工的切身利益，而这些申诉通常涉及劳动合同、劳动工资、劳动安全与劳动卫生、劳动保护、劳动保险、休息休假、职业病防治、学习培训等，妥善的申诉处理可以有效避免劳动争议的发生。

技能要求

用人单位劳动关系预警机制

（一）企业劳动关系预警

企业劳动关系预警是指在企业的努力下，由企业人力资源部门负责日常管理，各级组织参加的，运用预测、预审、预防、预控等措施，及时掌握产生劳动争议的诱因，预防和处理各类突发事件的劳动关系协调机制。建立企业劳动关系预警是深化改革过程中的一项创新工作，它的核心是实现劳资稳定，重点是预防劳动争议，目的是通过建立和谐稳定的劳动关系，实现企业目标与员工目标的高度一致。

（二）企业劳动关系预警的主体

企业劳动关系预警的主体就是企业，客体是企业劳动关系。

1. 企业劳动关系预警管理主体

企业人力资源管理部门是最好的劳动关系预警管理部门。人力资源管理部门在企业劳动关系中的主要工作就是进行规范的劳动合同管理，其在企业劳动关系预警中的功能主要体现在以下几个方面：在企业经营决策层的支持下制定各项内部规章制度，并且确保规章制度以及任何针对劳动者采取的纪律处分与劳动协议一致，并符合现行法律；公平使用人力资源管理措施，通过劳动合同管理严格规范各项人力资源管理活动；负责企业劳动关系预警的日常管理工作，认真贯彻和执行企业的各项关于劳动关系预警的规章制度；就企业劳动关系预警中的常见问题进行分析和研究，认真做好企业内部劳动关系的各项咨询和服务工作，为企业劳动关系预警做好前期准备工作；协调企业劳动关系相关主体做好劳动关系预警工作。

2. 企业劳动关系预警主要相关主体

企业劳动关系预警主要相关主体指的是对企业劳动关系预警活动进行决策、管理与支持的活动主体，包括企业决策层、中层管理部门以及基层管理部门。这些组织处在企业内部不同的层次，对企业劳动关系预警负有不同程度的责任。

3. 企业劳动关系预警其他相关主体

企业劳动关系预警其他相关主体指的是企业劳动争议调解委员会和企业工会。

（1）企业劳动争议调解委员会

在企业劳动关系的处理过程中，发生劳动争议是不可避免的，那么对于发生的劳动争议就应该有一个完善的解决机制来解决存在的劳动争议。对企业劳动关系预警系统而言，企业劳动争议调解委员会正是出于这种目的而建立的。从企业的角度讲，企业劳动争议调解委员会在企业劳动关系预警工作中主要发挥如下功能：调解劳动争议；检查督促调解协议的履行；开展劳动法制宣传教育，做好争议预防以及协助做好调解失败后的善后工作。

（2）企业工会

企业工会在预警工作中坚持"预防为主，预调结合"的方针。"预防为主"就是从思想上、制度上堵塞发生劳动争议的漏洞，提高企业和员工的劳动法制观念，使劳动争议消除在萌芽状态；"预调结合"就是将预防和调解结合起来，尽力使矛盾在基层得到及时有效地解决，保护当事人的权利和劳动积极性，促进企业劳动关系的和谐与稳定。

（三）企业劳动关系预警内容

企业管理部门在企业行政的支持和其他相关预警主体的协助下，全面开展劳动关系预警管理工作。

1. 协调企业劳动关系

和谐稳定的企业劳动关系的对企业与劳动者都有很重要的积极作用，在企业劳动关系预警的过程中，需要进一步强化企业劳动关系的重要性。人力资源管理部门作为企业劳动关系预警的执行主体，其在劳动关系预警过程中的主要目的是调整和维护和谐稳定的企业劳动关系，为企业的发展与竞争创造良好的内部环境。

2. 预防劳动争议

人力资源管理部门在企业劳动关系预警的过程中，就必须对劳动争议有更为清楚的认识，包括产生劳动争议的主要原因、劳动争议的主要预防措施以及其他相关知识。

3. 调解劳动争议

作为企业劳动关系预警的内容之一，劳动争议的调解是指在劳动关系双方发生劳动争议时，企业劳动争议调解委员会以国家的劳动法律、法规为准绳，通过民主协商的方式使劳动争议双方达成协议，消除矛盾的过程。

辅导练习题

一、单选题

1. 危机管理指（   ）通过危机的事前控制、事中处理与事后恢复，最大限度地降低或消除危机所带来的损害的一系列过程。

A. 组织

B. 企业

C. 用人单位

D. 事业单位

答案：A

2. 尽管危机本身充满着不确定性，但并不意味着危机管理的过程也是无序的和混乱的。这体现了危机管理的（   ）。

A. 可预防性

B. 灵活性

C. 开放性

D. 系统性

答案：D

3. 危机处置的原则不包括（   ）。

A. 保密性原则

B. 快速性原则

C. 诚意性原则

D. 专业性原则

答案：A

4. 通过危机的事前监控、事中处理与事后恢复，最大限度地降低或消除危机带来的损害的一系列过程被称为（　　）。

A. 危机管理

B. 危机干预

C. 劳资冲突管理

D. 民主管理

答案：A

二、多选题

1. 以下属于危机处置原则的有（　　）。

A. 诚实性原则

B. 主动性原则

C. 真实性原则

D. 利益兼顾原则

答案：BCD

2. 危机处置的方法包括（　　）。

A. 危机终止

B. 危机隔离

C. 危机消除

D. 危机利用

答案：ABCD

3. 劳动关系运行中突发事件的重要表现形式是（　　）。

A. 重大劳动安全事故

B. 重大劳动卫生事故

C. 重大产品生产事故

D. 重大劳动争议

答案：ABC

第二节　劳动争议预防和劳动关系协调体系制定

［理论知识］

一、劳动争议产生的原因和影响因素

劳动争议是由多方面的原因共同作用的结果，包括主体因素、经济因素以及制度因素等。

（一）主体因素

劳动争议的主体是雇主或雇主组织以及雇员或雇员组织，劳资双方追求的利益不同是劳动争议发生的根源。

我国目前劳动争议逐渐增多，与用人单位和劳动者各自追求自身利益最大化有着必然的联系。在用人单位方面，为了追求利润的最大化，有的用人单位只注重眼前的经济利益，忽略内部管理，致使管理极不规范。

（二）经济因素

劳动争议的产生是建立在劳动关系形成的基础上，劳动关系的变化，特别是劳资力量的变化极易产生各种矛盾，经济环境的变化无形中控制着劳动关系的变化。因此经济因素也是诱发劳动争议产生的一个重要因素。

（三）制度因素

如果没有完善的劳动法律体系对劳资双方的行为加以约束，劳资双方由于各自追求的利益不同，难免会引发矛盾和冲突，劳动争议随之产生。

同西方发达资本主义国家相比，我国的劳动法律体系还不完善，在很多地方存在漏洞，由此产生了很多劳动争议。此外，协调监管制度缺位也是产生劳动争议的原因之一。政府和社会对劳动合同、集体合同的履行情况进行监督的制度不健全，不能很好地监督劳动关系双方合法权益的受保护程度。

制度的执行情况也会对其实施效果产生重要的影响，执行不力使得制度的效果大打折扣。

二、我国劳动争议现状分析

（一）我国劳动争议现状

综合分析我国劳动争议案件发生的情况，我国劳动争议案件发生的特点主要有：

1. 立案数有所下降，但仍处在持续高位运行；东部沿海地区发案数呈稳步下降趋势、西部内地发案数上升。

2. 仲裁结案数比去年同期有所下降，仲裁结案率大幅上升。

3. 劳动争议案件高度集中在劳动报酬、社会保险待遇及福利、经济补偿金违约金、解除劳动合同等方面。

4. 集体争议多发。

（二）我国劳动争议的特点

我国的劳动争议问题日益突显，劳动争议案件总量居高不下的趋势仍将持续，并显现出如下特点：

1. 劳资矛盾不可避免性

市场经济条件下的劳动关系具有经济性与社会性兼有，平等性与从属性兼有，冲突性与协调性兼有的特点。由于产生利益的共生性、要求分配的合理性，容易引发劳动争议。

2. 劳动争议的易发性与多发性

从当期受理案件数来看，最近14年内，我国劳动争议案件数量呈现攀升趋势，尤其从2008年金融危机爆发以来，劳动争议案件数量一直居于高位。其中，2008年的劳动争议当期受理案件数是2007年的近一倍，2009年以后有所下降。从发展经济学理论出发，当新兴市场国家突破人均GDP1000美元的"贫困陷阱"后，会出现1000美元至3000美元的"经济起飞阶段"。但到人均GDP3000美元附近时，快速发展中积聚的矛盾开始集中爆发，是劳动争议易发与多发的阶段。当人均GDP超过5000美元时，劳动争议案件数量将会逐步减少。我国2010年人均GDP达到29748元，已经超过4000美元，正进入争议多发期。

3. 集体劳动争议的强冲突性

我国集体劳动争议冲突性增强，社会影响的力度与广度也增强。值得注意的是，这些案件多发生在劳动密集型企业与中小企业，涉及的劳动者中，大部分是农民工或女职工，冲突性较强，处理难度很大，部分案件已产生了极其恶劣的社会影响。

4. 劳动争议复杂性

劳动争议的复杂性体现在当事人复杂、争议内容复杂与诉求复杂三个方面。

（三）影响劳动争议的因素

1. 经济和社会发展不平衡，导致社会矛盾尖锐，劳动争议增加

同经济发展相比，当前社会政策的地位极不对称。就总体而言，改革开放以来，经济政策几乎成了压倒一切的基本政策，社会政策与经济政策两者之间呈现出严重的不同步和不平衡。

2. 收入差距扩大，群体间利益分化严重

在劳动关系领域，资方与劳方在收入分配上的不公引发了劳资双方收入差距不断扩大，双方经济社会地位差距悬殊等问题。

3. 效率与公平关系的偏差对恶化劳动关系起到推波助澜的作用

由于对效率与公平关系处理的偏差，从而忽略了社会全面发展的重要性，没有对弱势群体提供必要的帮助。部分地区在经济利益导向的作用下，对劳动者利益诉求关注较少，导致他们的天平有意无意间地偏向资方，从而使劳动者处于弱势地位，引发各类劳动争议案件发生。

4. 劳动力市场不健全，劳动者处于弱势地位

现阶段，我国劳动力市场城乡分割依然存在，农村劳动力多数被局限在劳动密集型企业的简单操作岗位，由于缺乏市场竞争力，他们的工资待遇水平较低。考虑到劳动力市场信息传递机制的不完善以及工人自身文化素质的局限，他们在建立劳动关系时有很多盲目的非理性行为，缺乏维权意识，仍抱有陈旧的就业观念，尤其是外来劳动力，为了追逐短期利益，为了获得就业机会，对企业侵犯自己合法权益的行为"忍辱负重"，迫使自己放弃权益，滋长了企业的侵权行为。

5. 经济增长方式对劳动关系的影响

长期以来，我国的经济增长依靠出口和投资拉动经济发展，加上工会组织在保障职工权益能力上的局限性等原因，导致我国部分职工处于低工资、差保障的弱势局面。甚至有些用人单位为了节约成本，不惜以职工劳动条件、工作环境的恶化为代价，导致职工工作、生活质量急剧下降。

6. 三方原则作用没有真正发挥作用

现阶段，我国劳动者和用人单位双方利益关系缺乏一致性和合作性，劳动关系的自我协调机制尚不健全。一些企业尤其是民营企业守法意识较薄弱，片面追求利润最大化，无视劳动者的合法权益，劳动关系协调中的三方原则无法得到真正有效的发挥，劳动者权益和诉求不能有效的表达，企业方对劳动者利益的保护意识较为薄弱，从而导致劳动争议案件不断发生。

（四）我国劳动争议发展的趋势

1. 争议数量仍将继续保持增长

从近几年我国劳动争议案件的受理情况来看，劳动争议案件的数量逐年增加。照此趋势来看，未来我国劳动争议案件仍将保持一定时期的增长。

2. 因产业结构调整引发劳动争议增加

随着我国经济结构、产业结构调整的推进和调整步伐的进一步加快，我国各类企业中将会出现大量关闭、停产休整、合并、转制、迁移的事件发生。劳动者必将受此影响，从而引发一定量的解除、变更劳动合同争议。

3. 因企业内部管理不规范而引发劳动争议增加

企业内部管理手段中的管理方法，如企业民主管理、劳资沟通与协商、规范用工、劳动者合法权益保护等，都是决定劳动争议发生与否的因素。而目前我国仍有相当一部分企业内部管理手段尚不够健全，各类民主管理方式、劳资沟通协商机制等仍需要进一步规范。

4. 因薪资待遇引发的劳动争议增加

目前，占我国劳动者数量大多数的一类劳动者是农民工群体，他们大多集中在我国的各类劳动密集型产业企业当中，受区域和行业发展差异的影响，部分劳动者的工资待遇水平仍然较低。同时，仍有相当一部分企业并没有严格按照国家相关法律法规的要求，及时给农民工劳动者提供相应的社会保险，支付加班费等，甚至仍有部分企业无法按时发放工资。这些都容易引发因社保争议、工资、加班费等而产生的劳动争议。

三、劳动关系协调体系的建立

用人单位劳动关系协调体系的重要组成部分即是用人单位内劳资冲突管理系统（CSM）的建立于运行。冲突管理系统是建立在组织中的一种应对组织内部工作场所发生的冲突的制度和机构。它强调冲突各方的积极参与，通过认识引起冲突的因素来预防和组织冲突的发生和升级，对具有破坏性的冲突进行引导以缓和冲突，为冲突各方提供多样的解决方法和程序。

一般来说，冲突管理系统的建立大致可以分为以下几个阶段：

（一）前期准备阶段

为创建一个有效的冲突管理系统，需要做大量的准备工作，目的是为建立冲突管理系统提供解释、研究和探索的基础。准备阶段需要完成的主要任务包括：成立冲突管理团队、获得组织高层管理人员的支持以及组织状况的评估。

1. 成立冲突管理团队

首先需要成立一个冲突管理团队，即 CMS 团队。一个合格的 CMS 团队，应该包括组织内部人员和组织外部人员。组织内部人员包括各利益相关者，如组织内的咨询师、调解员、法律专家、管理人员和人力资源专家；组织外部人员应该是冲突管理领域的专家。团队的成员应该尽可能具有多元化的背景，包括性别、种族和级别等。这样能够尽可能地做到公平公正，并且具有信服力。冲突管理团队不仅仅应该包括各利益相关者的代表，团队成员还应该拥有不同的专业技能，这些技能包括人力资源管理、法律、政治、沟通与谈判等方面的技能。

2. 获得高管人员支持

建立冲突管理系统是组织的一次重大变革，因此得到高管人员的认同和支持非常关键，这一工作将由冲突管理团队来完成。获得高管人员支持的方法主要有两种：一是提出需要改变的理由。冲突管理团队可以向高管人员展示组织中现有的冲突治理方法存在的问题，包括直接或间接导致的生产率下降、法律纠纷、员工道德败坏、员工流失等方面的问题。二是展示改变的机会。比如冲突管理团队可以通过具体的案例向高管人员展示通过有效的冲突管理，将会给组织带来成本控制、法律风险降低以及其他的发展机会。

3. 组织状况评估

冲突管理团队需要对组织进行分析和认识。对组织进行评估是建立冲突管理系统的前提。只有全面地掌握组织的现状，分析组织的特征与需求，才能正确地认知组织在冲突管理方面存在的问题和需要改进的地方。

具体来说，应重点收集以下三个方面的信息：（1）组织文化和亚文化；（2）组织目前的冲突情况，包括组织中经常出现的冲突类别和频率，各利益相关者对冲突认识的分歧等；（3）组织中现有的冲突治理方法，包括当冲突发生时参与者经常寻求解决的部门或人员等。

（二）系统设计阶段

冲突管理系统建设团队在设计组织的冲突管理系统时需要完成的任务主要包括形成初步设计方案、建立支持结构以及试点运行等。

1. 形成初步设计方案

在组织评估之后，冲突管理团队掌握了大量有关组织的重要信息，他们有能力对冲突管理系统做初步的设计。系统的设计方案应该包括以下几个方面的内容：组织所面临的主要冲突类型和频率、冲突管理方法、冲突管理程序、员工参与程度、个程序相关人员的责任等。需要注意的是，在系统设计时，要注意与组织的文化相适应。例如，在气氛宽松，管理层级较少的组织中，可以让员工来自由选择冲突管理的程序；而当组织中管理层级较多时，冲突管理的程序选择则应该更多的吸引管理者的参与。

2. 建立支持结构

在设计完成后，系统的运行需要有财力和人力的支撑。系统的支持结构式一套能够保证冲突管理系统持续运转的措施和设计，包括了系统由谁来运行和运行的经费来源等内容。

从工作的性质和内容上来看，冲突管理系统的工作与人力资源管理和法律事务管理较贴近，但不能简单的交给人力资源部门或者法律部门来运行。从美国企业冲突管理的额实践来看，冲突管理系统中的协调员在某些情况下是系统的监察员，直接向最高管理者汇报工作。

冲突管理系统的经费来源主要有两个：冲突管理系统内部解决程序的运行费用通常被纳入组织的预算，而冲突管理系统外部解决的费用由使用者即员工与组织共同承担。当冲突处于内部解决程序的阶段时，企业组织应该为冲突管理系统埋单，承担全部费用。

3. 试点运行

为了保证建立起来的冲突管理系统有效运行，组织可以在系统设计的最后阶段，在内部的某个部门进行试点运行。这样对于用人单位而言，尤其是较大的用人单位，有助于帮助冲突管理团队获得冲突处理的经验和相关数据。

（三）实施运行阶段

冲突管理系统在正式实施和运行阶段的主要工作包括系统宣传与推广、对冲突管理团队的培训等内容。

1. 系统宣传与推广

冲突管理系统的宣传工作可以借鉴用人单位规章制度公示的方式。例如，编制有关冲突管理手册，发放给企业的所有员工，指导他们在各种情况下如何使用冲突管理系统来解决身边的冲突；各个部门举办活动来向员工面对面地展示冲突管理系统的运行流程。通过组织内部办公网络来宣传和普及冲突管理系统；冲突管理团队可以定期编制月度或季度报告，向用人单位管理人员和普通员工通报阶段工作的内容和进展。这样一方面可以向用人单位管理层展示冲突管理系统的重要性和作用；另一方面也可以向普通员工进行宣传，以便更好地指导他们使用冲突管理系统。

2. 对冲突管理团队进行培训

对冲突管理团队的培训，应至少包括以下三个部分的内容：（1）法律素养，不仅需要熟悉相关的法律法规，还需要有一定的调解和仲裁的经验；（2）职业素养，如公正、公平和保密等品质；（3）多样化的实际操作技术，如搜集事实、分析问题、沟通技巧和提供选择方案等。

（四）制度化阶段

激励和引导员工使用冲突管理系统最关键的是避免员工因为使用冲突管理系统而遭受到中层管理人员或者其他人员的报复。这就涉及信息的保密性，通途管理系统应该建立严格的保密措施，工作人员应该接受保密性的培训。除了保密程序外，组织的高管可以定期向员工宣传冲突管理系统的作用和优势，公布冲突管理系统处理冲突的成功案例，表达对于冲突管理系统的认可与支持。另外，组织可以把成功的冲突管理与绩效考核相联系，以激励冲突管理团队成员以及有效地使用冲突管理系统的管理者和员工。

除了激励制度之外，与员工的持续沟通也是必不可少的，要通过持续不间断的沟通，获得员工对冲突管理系统的反馈意见，并及时作出持续性的改进。

技能要求

员工申诉处理的国际比较

申诉是通过一种被认可的渠道将自己的抱怨向管理层或工会官员表达出来的方式，是正式的抱怨，是由雇员个人或团体就他或他们所受到的某一方面的待遇而提出的。境外国家和地区的员工申诉程序对于劳动关系协调师丰富自身的能力和经验有着实际意义。下面介绍一些其他国家和地区的员工申诉程序和处理流程。

（一）英国员工申诉程序和处理流程

在英国，所有雇员都有权对工作环境或工作关系中的问题或忧虑提出申诉。申诉应该得到公平而快速地解决，记录应该保密。在理想情况下，申诉应该在发生的层级上得到解决，并且无须经过正式程序即可快速解决，应该鼓励任何想提出申诉的雇员与其经理对话。经理有责任认真对到此事，仔细聆听并讨论怎样最好地解决问题。如果由于申诉本身的特性，雇员觉得不能直接与其管理者谈话，那么他可以与人事和开发顾问或全国雇员工会代表交谈。

如果雇员对申诉的结果不满意，他们有权向上一层管理者上诉，直至部门主管。雇员团体可以提出申诉，在某些情况下，团体选出一名发言人作为代表更为合适。然而，管理者必须保证团体所有成员都有机会表达自己的意见，讨论申诉结果。

1. 非正式的申诉

想提出申诉的雇员应该要求管理者举行私人会议进行讨论。如果问题是有关直线经理的，雇员应该尽量与他交谈。如果雇员觉得这样做不舒服，他们应该和高层管理者交谈，或征寻人事和开发顾问以及全国雇员工会代表的意见。雇员可以在任何时候与人事和开发顾问或全国雇员工会代表交谈。

在会议上，雇员应该尽可能清楚地说明他的申诉内容，并提供相关证据。经理应聆听雇员陈述并讨论最好的解决办法。有时，管理者可能要求进一步调查或寻求别人的建议，在这种情况下，管理者应该随时告知雇员有关情况的进展。尽管会议的基调是非正式的，但双方都应该做相关讨论和行动的记录。

所有记录都必须是保密的。如果需要应该安排第二次会议，一般在第一次会议以后的 5 个工作日内。在会议上，管理者要说明为解决问题而采取的任何行动，或解释清楚不采取行动的原因。

2. 调解

调解是在受过培训的中立的第三方指导下，将申诉双方组织在一起解决问题。当各方为了解决纠纷都愿意参加时，调解是最合适的。当雇员觉得应该寻求调解时，他们应该联系人力和开发顾问或全国雇员工会代表。调解者应该私下里联系他们，以了解纠纷的详细内容。然后，他们应联系相关的各方，以确定他们是否愿意参加调解。调解者将秘密地组织会议，所有向方均参加，并确保会议以冷静、建设性的方式进行。如果合适的话，随后的会议时间也将确定，以了解调解后的情况进展。

3. 正式的申诉程序

如果雇员认为通过非正式地讨论或调解，问题没有得到解决，他们可以提出正式申诉。雇员应该书写申诉书，并提交给经理人或人力和开发顾问。人力和开发顾问将复查具体情况，确认是否已经采取了所有非正式的措施。如果没有可采用的进一步措施，通常经理将开始调查正式申诉。如果雇员仍然对处理申诉的方式不满意，他们可以向上一级上诉，直至部门主管。正式的程序：

（1）第一阶段。人力和开发顾问将联合管理人员安排对申诉的调查，以证实和澄清事实。在适当的时候，调查也包括访谈有关各方。调查应尽快完成，而且双方都应该被告知进展程度。双方将各接到一封信以得知调查情况以及他们可以获取的帮助。当调查完成时，管理者将邀请雇员参加会议，但至少提前 48 小时书面通知他们。会议通常由经理主持，并包括一名人力和开发顾问。雇员有权要求其他人作为其代表或要求他人陪同参加。如果情况特别复杂，双方可以协议延长时间，但雇员应该得到调查进展的罪行消息。

在会议上：①雇员将陈述申诉内容，并提供相关证据。②管理者可以提出解决申诉的措施以及相应的支持，也可以要求在作出决定之前，进一步搜集相关信息。如果需要进一步搜集信息，本次会议需要协商确定下一次会议的时间。

会议产生的行动：①管理者确定会议结果，并以书面形式公布其决定。决定应在会后 5 个工作日内送交雇员。雇员应该被告知如果他对结果不满意，可以向谁提出再次申诉。②管理者也应该向有关的地方解释其决定。③除非有合理的理由使决定不能执行，否则应在决定公布后 10 个工作日内执行决定的相关措施。④采取措施后，管理者应该邀请雇员参加评论会议，评估是否需要采取进一步措施。

（2）第二阶段。如果雇员对第一阶段的结果不满意，他有权向上一级管理层申诉，解释他为什么对结果不满意。再次申诉应该在原决定做出后两周内提出。在这两周的时间内，雇员可以仔细思考结果，决定采取什么行动。如果雇员需要帮助，他可以向人力和开发顾问或全国雇员工会代表寻求意见。雇员可以在任何时间与顾问或全国雇员工会代表谈话。雇员应该提供尽可能多的详细资料，并清楚地阐明申诉原因。管理者应该向人力和开发顾问提交申诉副本。

当调查完成时，管理者将邀请雇员参加会议，且应至少提前 48 小时书面通知，会议通常由经理主持，并包括一名人力和开发顾问，雇员有权要求其他人作为其代表或要求他人陪同参加。

在会议前，管理者应该复查第一阶段听证会的结果，并且采取进一步的调查，以便证实结果或澄清事实。如果情况特别复杂，双方可以协议延长时间，但雇员应该得到进展的最新消息。

在会议上：①雇员应该阐述其申诉内容，以及对第一阶段结果不满的原因。②管理者可以提出解决申诉的措施以及相应的支持，也可以要求在作出决定之前，进一步搜集相关信息。如果需要进一步搜集信息，本次会议需要协商确定下一才会议的时间。

会议产生的行动：①管理者确定会议结果，并以书面形式公布其决定。决定应在会后 5 个工作日内送交雇员。雇员应该被告知如果他对结果不满意，可以向哪位主管提出再次申诉。②管理者也应该向有关的其他方解释其决定。③除非有合理的理由表明决定不能被执行，否则应在决定公布后 10 个工作日内执行决定的相关措施。④采取措施后，管理者应该邀请雇员参加评论会议，评估是否需要采取进一步措施。

（3）第三阶段。如果雇员对第二阶段的结果不满意，他可以以书面形式将申诉上交到部门主管，阐述他为什么对结果不满意。再次申诉应该在原决定作出后两周内提出。在这两周时间内，雇员可以仔细思考结果，决定采取何种行动。部门主管是申诉的最终环节。如果雇员需要帮助，他可以向人事和开发顾问或全国雇员工会代表寻求意见。

部门主管将复查申诉，安排进一步调查以证实情况，澄清事实，并在 10 个工作日内邀请雇员参加会议，且应至少提前 48 小时书面通知。会议通常由部门主管主持并包括一名人力和开发顾问。雇员有权要求其他人作为其代表或要求他人陪同参加。如果情况特别复杂，双方可以协议延长时间，但雇员应该得到进展的最新消息。旁听申诉会议的部门主管将来自另一个领域，并且因为人力和开发顾问参与了申诉过程，所以人力与开发部门的主管将不旁听会议。

在会议上：①雇员应该阐述其申诉内容和对第二阶段结果不满的原因。②部门主管可以提出解决申诉的措施以及相应的支持，也可以要求在作出决定之前，进一步搜集相关信息。如果需要进一步搜集信息，本次会议需要协商确定下次会议的时间。

会议产生的行动：①部门主管确定会议结果，并以书面形式公布其决定。决定应在会后 5 个工作日内送交雇员。②管理者也应该向有关的其他解释其决定。③除非有合理的理由表明决定不能被执行，否则应在决定公布后 10 个工作日执行决定的相关措施。④采取措施后，雇员的高级管理者应该邀请雇员参加评论会议，评估是否需要采取进一步措施。

（二）美国员工申诉程序和处理流程

1. 在有工会的企业中，对不满的申诉可以包括以下几个步骤：

第一，与主管人员谈话。雇员的不满一般因主管人员的管理而产生，雇员的不满首先应向主管人员提出，如果主管人员无法解决雇员的不满，就由一个雇员所属的工会的成员和一个工厂委员会的成员会见这个雇员的主管人员；雇员也可直接将不满向工会提出，由工会委员会的成员和一个工厂委员会的成员会见其主管人员。

第二，工厂委员会与公司的劳工关系部召开会议，讨论解决不满情况。

第三，地区工会与公司有关人员召开会议。如果不满还未解决，并且工会权衡各方面的情况后决定将不满进行下去，雇员的不满就会作为工会的不满，通过召开有地区工会负责人、公司的工厂委员会的主席、公司的人事负责人、公司的劳工关系得负责人参加的会议讨论解决。

第四，全国级的协商会议。

第五，不满仲裁。

2. 在非工会的企业中，雇员不满的处理程序差异很大。在劳动标准高的非工会企业设有不满程序来处理雇员的不满，处理决定最终由用人单位做出。

（三）我国台湾地区申诉程序和处理流程

台湾地区的申诉程序，纵向上逐级申诉，横向上区分申诉内容授予各申诉层级相对的权限。员工认为个人利益受到不应有的侵犯，首先向其本人或其申诉内容的直属部门进行申诉，反映情况。此直属单位即为第一级的申诉管辖部门。如果员工对这一阶段的处理结果不满意，则可以向申诉人或者申诉内容直属部门的上级部门进行申诉，此直属部门的上级部门即为第二级的申诉管辖部门。二次申诉结论为公司的最终裁决结果。

　　根据员工申诉的内容，适用不同的处理方式。一般而言员工的申诉内容有以下几种：（1）关于团体协议、工厂规则及其他企业内部规则的制定和内容，即为行政立法。（2）有关企业依照公司的有关规定对员工作出的命令、禁止、许可、免除、认可、受理、通知、确认等行为，即行政行为。（3）有关企业所提出的各项发展计划、生产计划、营销计划、业务计划等构想与行动，即行政计划。（4）有关企业依照其内部规定对员工作出的期待、劝告、诱导等非强制性的事实行为，即行政指导。（5）有关企业对劳动者一方的奖励、惩罚等行为，即行政赏罚。（6）关于上述五项的形成方式与过程，即行政程序。

　　对于有关企业内部行政立法的申诉，可直接交付申诉最高议决部门，再由最高议决部门，将申诉建议交给工会或企业主。对有关行政行为方面的申诉，应由处分部门先行受理，并在申诉书上注明意见，然后依管辖层级进行备案和上报。对有关企业内部行政计划方面的申诉，各申诉管辖层级无需回复，直接转呈给企业负责人。对有关行政指导方面的申诉，基本上与行政行为的申诉渠道相同。对有关行政罚方面的申诉，与行政行为的申诉渠道相同。有关企业内行政程序方面的申诉，则要求有民主化与妥善化的手续与过程。

辅导练习题

一、单选题

1. 我国目前劳动争议逐渐增多，从主体原因分析，主要是因为（　　）。

   A. 用人单位所有制形式多元化

   B. 用人单位和劳动者各自追求自身利益最大化

   C. 劳动者受教育程度提高

   D. 用人单位剥削压榨劳动者

   答案：B

2. 冲突管理团队中的组织外部人员应该是（　　）。

   A. 劳动争议协调委员会人员

   B. 劳动行政部门人员

   C. 冲突管理领域专家

   D. 人力资源管理专家

   答案：C

3. 一般来说，冲突管理系统的建立并不包括（　　）。

   A. 前期准备阶段

   B. 系统设计阶段

   C. 实施运行阶段

   D. 维护完善阶段

   答案：D

4. 建立冲突管理系统主要包括（　　）。

   A. 冲突管理设计团队的建立、培训与组织开发、运营与维护

   B. 冲突管理设计团队的建立、培训及组织评估，获得管理人员的支持，设计冲突管理人员和经费来源等方面的工作

C. 冲突管理设计团队的建立、培训及组织评估，设计冲突管理人员和经费来源等方面的工作

D. 冲突管理设计团队的建立、培训及组织评估，经费筹措等工作

答案：B

5.（　　）是通过一种被认可的渠道将自己的抱怨向管理层或工会官员表达出来的方式，是正式的抱怨，是由雇员个人或团体就他或他们所受到的某一方面的待遇而提出的。

A. 上访

B. 投诉

C. 申诉

D. 举报

答案：C

二、多选题

1. 下列选项中，属于影响劳动争议的因素有（　　）。

A. 经济和社会发展不平衡，导致社会矛盾尖锐，劳动争议增加

B. 收入差距扩大，群体间利益分化严重

C. 政府监管体系不够健全

D. 劳动力市场不健全，劳动者处于弱势地位

答案：ABD

2. 下列选项中，属于影响劳动争议的因素有（　　）。

A. 经济和社会发展不平衡，导致社会矛盾尖锐，劳动争议增加

B. 收入差距扩大，群体间利益分化严重

C. 政府监管体系不够健全

D. 劳动力市场不健全，劳动者处于弱势地位

答案：ABD

3. 我国劳动争议的特点是（　　）。

A. 劳资矛盾不可避免性

B. 劳动争议的易发性与多发性

C. 集体劳动争议的强冲突性

D. 劳动争议复杂性

答案：ABCD

第四篇
高级劳动关系协调师
考试真题

劳动关系协调员(高师)理论知识试卷

一、单项选择题 (本大题共60小题，每小题1分)

1. 劳动标准是指对劳动领域内的（　　）事物、概念和行为进行规范，以定性形式或者以定量形式所做出的统一规定。

    A. 标准性　　　　　　B. 重复性　　　　　　C. 自然性　　　　　　D. 常见性

2. 《劳动合同法》规定，用人单位与劳动者之间已建立劳动关系，未同时订立书面劳动合同的，应当自用工之日起（　　）内订立书面劳动合同。

    A. 15日　　　　　　B. 1个月　　　　　　C. 2个月　　　　　　D. 3个月

3. 我国关于劳动规章制度理解的学说，不包括（　　）。

    A. 劳动规章制度的法律规范说　　　　　　B. 劳动规章制度的契约规范说

    C. 劳动规章制度的共议共决说　　　　　　D. 劳动规章制度的集体合意说

4. 集体协商是指（　　）为签订集体合同或专项集体合同进行商谈的行为。

    A. 职工一方的代表与用人单位　　　　　　B. 用人单位与劳动行政部门代表

    C. 职工一方与劳动行政部门代表　　　　　　D. 用人单位与国际劳工组织

5. 公开的信息主要包括多个方面，下列不属于公开的信息是（　　）。

    A. 企业重大决策

    B. 企业技术革新

    C. 涉及职工切身利益方面的问题

    D. 与企业领导班子建设和党风廉政建设密切相关的问题

6. 下列不属于西方主要市场经济国家集体谈判类型的是（　　）。

    A. 国家级　　　　　　B. 产业级　　　　　　C. 企业级　　　　　　D. 区域级

7. 劳动监察，是指（　　）依法对用人单位遵守劳动法律、法规的情况进行监督检查，并对违反劳动法律、法规的行为进行制止、责令改正和给予处罚的行为。

    A. 用人单位董事会　　　　　　　　　　B. 用人单位工会

C. 劳动行政部门　　　　　　　　　　　　　D. 法院

8. 对劳动合同的无效或者部分无效有争议的，由（　）或者人民法院确认。

    A. 劳动争议监察机构　　　　　　　　　　B. 劳动行政部门

    C. 企业劳动争议调解委员会　　　　　　　D. 劳动争议仲裁机构

9. 通过危机的事前监控、事中处理与事后恢复，最大限度地降低或消除危机带来的损害的一系列过程被称为（　）。

    A. 危机管理　　　　　　　　　　　　　　B. 危机干预

    C. 劳资冲突管理　　　　　　　　　　　　D. 民主管理

10. 下列不属于 2012 年新颁布的《企业民主管理规定》中规定的厂务公开内容是（　）。

    A. 经营管理的基本情况

    B. 招用职工及签订劳动合同的情况

    C. 企业年终奖颁发情况

    D. 劳动安全卫生标准、安全事故发生情况及处理结果

11. 尽管危机本身充满着不确定性，但并不意味着危机管理的过程也是无序的和混乱的，这体现了危机管理的（　）。

    A. 可预防性　　　　　　　　　　　　　　B. 灵活性

    C. 开放性　　　　　　　　　　　　　　　D. 系统性

12. 下列不属于《劳动法》中所调整的劳动关系的特征的是（　）。

    A. 劳动关系是在实现劳动过程中所发生的关系，与劳动者有着直接的联系

    B. 劳动关系的双方当事人，一方是劳动者，另一方是提供生产资料的劳动者所在单位

    C. 劳动关系的一方劳动者，要成为另一方即所在用人单位的成员，要遵守单位内部的劳动规则以及有关制度

    D. 劳动关系的一方劳动者所在单位，要为劳动者提供必要的劳务报酬

13. 下列用人单位应支付不低于工资 150% 的工资报酬的情形是（　）。

    A. 在标准工作日内安排劳动者延长工作时间的

    B. 休息日安排劳动者工作又不能安排补休的

    C. 法定休假日安排劳动者工作的

    D. 春节安排劳动者工作的

14. 非全日制劳动合同是指劳动者和用人单位签订的，以小时计酬为主，劳动者在同一用人单位一般平均每日工作时间不超过（　）个小时，每周工作时间累计不超过（　）个小时的特殊形式的劳动合同。

    A. 4，40　　　　　　B. 4，24　　　　　　C. 6，40　　　　　　D. 6，24

15. 根据《最高人民法院关于审理劳动争议案件适用法律若干问题的解释（二）》第 16 条规定，用人单位制定的内部劳动规章制度与集体合同或者劳动合同约定的内容不一致，（　）请求优先适用（　）的，人民法院应予以支持。

    A. 用人单位；合同约定　　　　　　　　　B. 劳动者；劳动规章制度

    C. 劳动者；合同约定　　　　　　　　　　D. 用人单位；劳动规章制度

16. 根据国际劳工组织 1976 年 144 号《三方协商促进国际劳工标准公约》规定，三方机制是指（　）之间，就制定和实施经济和社会政策而进行的所有交往和活动。

    A. 政府、雇主、和工人　　　　　　　　　B. 国际劳工组织、政府、工人

C. 政府、雇主、国际劳工组织　　　　　　　D. 国际劳工组织、雇主、工人

17. 下列关于用工方式与劳动合同期限选择的表述，正确的是（　　）。

　　A. 对于可以灵活安排工作时间，且工作时间便于考勤记录的岗位，可以选择签订短期的固定期限劳动合同

　　B. 劳务派遣用工主要适用于企业主业以外的一些业务岗位

　　C. 外包用工只能在临时性、辅助性或替代性的工作岗位上实施

　　D. 有着明确的需要一段时间完成的特定工作任务的岗位，可以选择签订以完成一定工作任务为期限的劳动合同的用工方式

18. 下列关于劳动规章制度重要性的表述，错误的是（　　）。

　　A. 劳动规章制度是企业正常运行的保证，是组织成员行动的指南

　　B. 劳动规章制度是企业内部唯一的行为准则，成员的一切行为受其约束

　　C. 劳动规章制度是企业奖惩的依据

　　D. 劳动规章制度是劳资双方维权的利器

19. 按照《中华人民共和国计划生育法》中的有关规定，按法定结婚年龄结婚的，可享受（　　）天婚假。

　　A. 2　　　　　　　　B. 3　　　　　　　　C. 4　　　　　　　　D. 5

20. 危机处置的原则不包括（　　）。

　　A. 保密性原则　　　　　　　　　　　　　　B. 快速性原则

　　C. 诚意性原则　　　　　　　　　　　　　　D. 专业性原则

21. 休假制度是企业劳动规章制度体系中的重要组成部分，依据《职工带薪年休假条例》的规定，职工累计工作已满1年不满10年的，年休假为（　　）天；已满10年不满20年的，年休假为（　　）天；已满20年的，年休假为（　　）天。

　　A. 5；10；20　　　　　　　　　　　　　　B. 10；15；20

　　C. 5；15；25　　　　　　　　　　　　　　D. 5；10；15

22. （　　），劳动和社会保障部、全国总工会、中国企业联合会联合宣布国家将全面启动劳动关系三方协商机制，以协商的形式解决劳动关系中存在的各种问题。

　　A. 2000 年 8 月　　　　　　　　　　　　　B. 2001 年 8 月

　　C. 2001 年 9 月　　　　　　　　　　　　　D. 2000 年 9 月

23. 下列选项中，不属于员工背景调查主要内容的是（　　）。

　　A. 员工的婚姻状况　　　　　　　　　　　　B. 员工的学历水平

　　C. 员工的工作经历　　　　　　　　　　　　D. 员工与原用人单位的劳动关系状况

24. 在处理劳动规章制度与劳动合同、集体合同发生冲突的问题时，我国理论界及实务界普遍认同（　　）的原则：当用人单位劳动规章制度规定的劳动者利益低于劳动合同和集体合同的约定时，应该以（　　）的约定为准；而当用人单位劳动规章制度规定的劳动者利益高于劳动合同和集体合同的约定时，应该以（　　）的规定为准。

　　A. "就高不就低"；劳动规章制度；劳动合同和集体合同

　　B. "就低不就高"；劳动规章制度；劳动合同和集体合同

　　C. "就高不就低"；劳动合同和集体合同；劳动规章制度

　　D. "就低不就高"；劳动合同和集体合同；劳动规章制度

25. 危机处置的方法不包括（　　）。

  A. 危机终止   B. 危机隔离

  C. 危机消除   D. 危机上报

26. 以下不属于三方机制的特征的是（　　）。

  A. 主体独立   B. 民主协商

  C. 权利平等   D. 互利互惠

27. 下列关于"突发事件"的表述，正确的是（　　）。

  A. 突发事件是指突然发生，造成或者可能造成严重社会危害，需要采取应急处置措施予以应对的自然灾害、事故灾难、公共卫生事件和社会安全事件

  B. 突发事件是指突然发生，造成或者可能造成严重社会危害，需要采取应急处置措施予以应对的社会安全事件

  C. 突发事件是指突然发生，造成或者可能造成严重危害，需要采取应急处置措施予以应对的事件

  D. 突发事件是指突然发生的需要采取应急处置措施予以应对的自然灾害、事故灾难、公共卫生事件和社会安全事件

28. 厂务公开制度是企业管理一方向（　　）公开企业相关情况，听取意见，并接受监督的民主管理制度。

  A. 本企业职工   B. 企业经营者

  C. 社会   D. 有关管理部门

29. 下列不属于劳动合同必备条款的是（　　）。

  A. 劳动者的姓名、住址和居民身份证或者其他有效身份证件号码

  B. 社会保险

  C. 劳动保护、劳动条件和职业危害防护

  D. 试用期约定

30. 国际劳工标准中，（　　）是提供成员国制定法律和采取其他措施时的参考，不需要成员国批准，因而没有必须遵守和执行的义务。

  A. 建议书   B. 国际劳工公约

  C. 国际贸易协定   D. 推荐标准

31. 群体性突发事件是指突然发生的，由（　　）共同实施的，造成或者可能造成严重社会危害，需要采取应急处置措施予以应对的公共事件。

  A. 5 人及 5 人以上   B. 10 人及 10 人以上

  C. 20 人及 20 人以上 D. 50 人及 50 人以上

32. 下列不属于集体协商双方采取的策略模型是（　　）。

  A. 对抗模型   B. 互利模型

  C. 混合模型   D. 合作模型

33. 劳动关系运行中突发事件的表现形式不包括（　　）。

  A. 重大劳动安全事故   B. 重大生产质量问题

  C. 重大劳动卫生事故   D. 重大劳动争议

34. 下列有关行业性集体协商主体的表述，不正确的是（　　）。

  A. 由行业工会与行业所属各企业行政进行协商

B. 由行业工会与行业内企业方推荐产生的代表进行协商

C. 未组建行业工会的，可由行业所在区域的工商业联合会代替行业工会的职能，与企业代表组织进行协商

D. 由行业工会或联合会与行业内企业代表组织进行协商

35. 企业突发事件预警信息不包括（　　）。

A. 财务指标 　　　　　　　　　　　B. 工资率

C. 劳动争议 　　　　　　　　　　　D. 人力资源流动率

36. 下列选项中，不属于《劳动合同法》以及《劳动合同法实施条例》规定的劳动合同终止事由的是（　　）。

A. 劳动合同期满

B. 劳动者达到法定退休年龄的，或开始依法享受基本养老保险待遇的，劳动合同即行终止

C. 劳动者死亡，或者被人民法院宣告死亡或者宣告失踪

D. 用人单位发生合并或分立等情况

37. 群体性突发事件的特点不包括（　　）。

A. 突发性和不可预测性 　　　　　　B. 利益诉求的广泛性

C. 群体性 　　　　　　　　　　　　D. 社会的影响性

38. 行业性工资集体协商一般每年进行一次，工会可在原行业工资集体合同期满前（　　）内，向企业方书面提出重新签订或续订的要求，并发出协商要约。

A. 半年 　　　　B. 三个月 　　　　C. 一个月 　　　　D. 两个月

39. 为切实保证职工代表大会决议的贯彻落实，工会要组织职工代表大会专门委员会和职工代表，对决议的落实情况进行检查督促，检查督促的形式不包括（　　）。

A. 会后检查 　　　　　　　　　　　B. 专题检查

C. 总结检查 　　　　　　　　　　　D. 定期抽查

40. 突发事件预警的关键是建立（　　）。

A. 工会三方调解机制 　　　　　　　B. 企业劳资沟通机制

C. 企业信息网络平台 　　　　　　　D. 企业突发事件预警机制

41. 集体合同的全面履行在很大程度上有赖于对集体合同履行所实施的监督检查，以下不属于监督检查组织方式的是（　　）。

A. 以劳动行政部门为主实施的劳动监察，依法对集体合同履行进行监督检查

B. 由企业党政工联合组成的集体合同监督检查小组展开的检查

C. 由企业的下一级工会组成的集体合同监督检查小组

D. 由职代会下设的以工会和职工代表为主的集体合同监督检查小组

42. 发生重大劳动安全卫生事故，企业负责人必须及时了解事故情况，并应立即报告当地（　　）。

A. 综合经济管理部门、劳动行政部门、公安部门、检察院

B. 当地政府办公厅、劳动行政部门、公安部门和工会

C. 当地政府办公厅、劳动监察部门、劳动行政部门、公安部门和工会

D. 综合经济管理部门、劳动行政部门、公安部门、检察院和工会

43. 岗位参照法，顾名思义就是用已有工资等级的岗位来对其他岗位进行评估，其操作步骤的正确排列顺序是（　　）。

（1）评估小组根据标准岗位的工作职责和任职资格要求等信息，将类似的其他岗位归类到这些标准岗位中来；（2）在每组中，根据每个岗位与标准岗位的工作差异，对这些岗位的岗位价值进行调整；（3）成立岗位评估小组；（4）选出标准岗位；（5）确定所有岗位的岗位价值；（6）将每一组中所有岗位的岗位价值设置为本组标准岗位价值。

    A. （3）—（4）—（1）—（6）—（5）—（2）

    B. （3）—（4）—（6）—（1）—（2）—（5）

    C. （3）—（4）—（6）—（1）—（5）—（2）

    D. （3）—（4）—（1）—（6）—（2）—（5）

44. 职工代表大会主席团是职工代表大会会议期间的组织领导机构，并主持会议。其成员应包括工人、技术人员、管理人员和企业的领导干部，其中（　　）应超过半数。

    A. 工人、技术人员、管理人员   B. 技术人员、工人

    C. 管理人员、技术人员   D. 企业的领导干部

45. 下列不属于集体协商制度的是（　　）。

    A. 集体协商原则、规则   B. 集体协商代表产生及权利与义务

    C. 集体协商形式、程序、内容及结果   D. 集体协商监督检查

46. 下列关于劳动合同解除的做法中，正确的是（　　）。

    A. A公司由于经济效益不佳，决定在现有100名员工中裁减15人，A公司提前30日以书面形式将公司解除合同的决定通知了员工本人，随后依法办理了离职手续

    B. 小李已在B公司工作了十年，由于晋升无望，遂产生了跳槽的想法。在向部门负责人提出口头辞职后的第二天，小李就离开了公司

    C. 老王今年已经57岁了，在C公司工作了30年。近期公司更新了生产设备，经多次培训后，老王仍然无法掌握新设备的操作方法，公司向老王额外支付了一个月工资和相应的经济补偿后，解除了与老王的劳动合同

    D. 孕妇小张利用职务之便挪用公司公款数百万元，给公司造成了极大的损失，公司依法履行相关程序与其解除劳动合同

47. 我国目前处理劳动争议的机构不包括（　　）。

    A. 劳动争议仲裁委员会   B. 人民检察院

    C. 人民法院   D. 劳动争议调解委员会

48. 下列不属于区域性集体合同涵盖的行政区划是（　　）。

    A. 乡   B. 区   C. 县   D. 设区的市

49. 《劳动合同法》规定，用人单位自用工之日起超过（　　）不满（　　）未与劳动者订立书面劳动合同的，应当向劳动者每月支付二倍的工资。

    A. 1个月，6个月   B. 1个月，1年

    C. 3个月，6个月   D. 3个月，1年

50. 下列体现了职工代表大会的组织原则、职工代表大会的基本制度以及职工代表大会协调行动、集中意志、充分发挥作用的重要保证是（　　）。

    A. 民主集中制   B. 厂长负责制

    C. 民主选举制   D. 民主投票制

51. "同工同酬"是指（   ）。

    A. 一个企业内部报酬应该相同　　　　B. 同等价值的劳动应当得到同等的报酬

    C. 一个国家做相同工作的人报酬相同　D. 所有人报酬相同

52. 职工代表大会决议的主要落实途径不包括（   ）。

    A. 发布落实决议通知

    B. 通过职工代表落实职代会决议

    C. 对决议目标进行分解，以行政会议的方式进行落实

    D. 在信息公开栏发布落实决议通知

53. 依据《劳动合同法》第 4 条规定，劳动规章制度制定的一般程序为（   ）。

    A. 起草——审核——通过——公示　　B. 起草——讨论——通过——公示

    C. 起草——通过——讨论——公示　　D. 讨论——起草——通过——公示

54. 下列关于劳动合同履行的表述，错误的是（   ）。

    A. 用人单位变更名称、法定代表人、主要负责人或者投资人等事项，不影响劳动合同的履行

    B. 劳动者拒绝用人单位管理人员违章指挥、强令冒险作业的，不视为违反劳动合同

    C. 用人单位发生合并或者分立等情况，原劳动合同失效，需与继承原单位权利义务的用人单位重新签订劳动合同

    D. 用人单位应当严格执行劳动定额标准，不得强迫或者变相强迫劳动者加班

55. 负责监督管理劳动合同制度实施的部门是（   ）。

    A. 劳动行政部门　　　　　　　　　　B. 安全生产监督管理部门

    C. 工会　　　　　　　　　　　　　　D. 工商行政部门

56. 下列有关区域性集体协商的表述，不准确的是（   ）。

    A. 区域性集体协商的主体只能是区域工会组织与对应的企业代表组织

    B. 区域性集体协商的重点是制定本区域内职工最低工资标准

    C. 企业层级进行集体协商，其推选协商代表的方式相对区域层级要简单得多

    D. 区域性、行业性工资专项集体合同的覆盖范围，远远大于企业层级工资专项集体合同

57. 冲突管理系统的建立主要包括（   ）。

    A. 冲突管理设计团队的建立、培训与组织开发、运营与维护

    B. 冲突管理设计团队的建立、培训及组织评估，获得管理人员的支持，设计冲突管理人员和经费来源等方面的工作

    C. 冲突管理设计团队的建立、培训及组织评估，设计冲突管理人员和经费来源等方面的工作

    D. 冲突管理设计团队的建立、培训及组织评估，经费筹措等工作

58. 下列解除或终止劳动关系的情形中，用人单位需要支付经济补偿的是（   ）。

    A. 用人单位向劳动者提出解除劳动合同并与劳动者协商一致解除劳动合同

    B. 劳动者在试用期内被证明不符合条件，用人单位依法与其解除劳动合同

    C. 劳动者死亡，劳动合同终止

    D. 劳动者无因主动辞职

59. 员工参与管理的内容也是衡量参与状况的重要指标，其内容可以分成三组，其中不包括（   ）。

    A. 工作层面的问题和工作条件　　　　B. 管理层面的人事问题

    C. 决策层面的有关问题　　　　　　　D. 企业层面或企业战略层面问题

60. 建立冲突管理系统的前提是（　　）。
    A. 得到政府与工会的支持
    B. 得到高管人员的支持
    C. 对组织状况进行评估
    D. 组织内部存在冲突

二、多项选择题（本大题共40小题，每小题1分）

1. 用人单位制定劳动标准的方式有（　　）。
   A. 集体合同
   B. 规章制度
   C. 员工名册
   D. 劳动合同格式文本

2. 按照合同期限划分，劳动合同可以分为（　　）。
   A. 固定期限劳动合同
   B. 无固定期限劳动合同
   C. 以完成一定工作任务为期限的劳动合同
   D. 非全日制劳动合同

3. 下列关于集体协商机制的表述，正确的有（　　）。
   A. 集体协商机制是职工方代表与企业方就涉及职工权利的事项，为达成一致意见而建立的沟通和协商解决机制
   B. 集体协商制度是指职工一方的代表与用人单位为签订集体合同或专项集体合同进行商谈的行为的制度
   C. 集体协商机制主要包含两项基本制度，一项是集体协商制度，另一项是集体合同制度
   D. 集体合同制度是指工会代表职工一方与用人单位，就劳动关系有关利益事项，通过集体协商签订书面协议，以及履行和处理集体合同争议过程中需要共同遵守的办事规程和行动准则

4. 劳动规章制度的重要性体现在（　　）。
   A. 劳动规章制度是企业正常运行的保证，是组织成员行动的指南
   B. 劳动规章制度是企业内部唯一的行为准则，成员的一切行为受其约束
   C. 劳动规章制度是企业奖惩的依据
   D. 劳动规章制度是劳资双方维权的利器

5. 厂务公开分析报告的框架包括（　　）。
   A. 报告目录
   B. 重要提示
   C. 报告摘要
   D. 案例分析

6. 国际劳工标准的主要形式包括（　　）。
   A. 国际劳工合同
   B. 国际劳工公约
   C. 国际劳工宣言
   D. 建议书

7. 劳资冲突预防的意义包括（　　）。
   A. 有利于保持和谐稳定的劳动关系
   B. 有利于企业经济效益的提高，促进企业自身的健康发展
   C. 有利于保护员工的合法权益，增加员工福利
   D. 有利于减少冲突解决的成本

8. 下列有关工资集体协商中谈判技巧的表述，正确的有（　　）。
   A. 尽管协商重技巧，但也必须体现真诚的态度
   B. 转移对方的注意力、以求实现协商的重点目标，做法就是声东击西，分散对方的注意力，实现协商的重要意图

    C. 在协商时，向对方提出的要求应当高于自己所期望的要求，以应对对方讨价还价，为自己留有余地

    D. 事实胜于雄辩，职工协商代表要学会用事实和数据说话

9. 下列关于劳动规章制度内涵的表述，正确的有（　　）。

    A. 劳动规章制度是由用人单位单方面制定的，是用人单位决策层意志的体现

    B. 劳动规章制度是用人单位按照法定程序制定的，在用人单位内部对用人单位和劳动者具有约束力

    C. 劳动规章制度的内容包括劳动报酬、工作时间、休息休假、劳动安全卫生、保险福利、职工培训、劳动纪律以及劳动定额管理

    D. 劳动规章制度是用人单位行使经营权和用人自主权的一种重要形式，劳动者所有的行为均要受到劳动规章制度的约束

10. 下列选项中，属于《劳动合同法》第38条规定的，用人单位具有某种情形，劳动者可以立即解除劳动合同，不需要事先告知用人单位的有（　　）。

    A. 用人单位违章指挥、强令冒险作业危及劳动者人身安全的

    B. 用人单位未及时足额支付劳动报酬的

    C. 用人单位以暴力、威胁或者非法限制人身自由的手段强迫劳动者劳动的

    D. 用人单位未按照劳动合同约定提供劳动保护或者劳动条件的

11. 企业劳动关系预警的主要相关主体包括（　　）。

    A. 企业决策层　　　　　　　　　　B. 中层管理部门

    C. 基层管理部门　　　　　　　　　　D. 企业劳动争议调解委员会

12. 招聘制度是企业劳动规章制度体系的重要组成部分，企业在实施招聘制度时，应该做到（　　）。

    A. 避免歧视性内容　　　　　　　　B. 履行告知义务

    C. 遵循企业惯例　　　　　　　　　　D. 符合企业发展需要

13. 区域性、行业性集体合同工作发展，有力地推动了建立区域的和行业间的劳动关系协调机制，在构建和谐劳动关系、促进企业发展、维护职工权益方面发挥了积极作用，主要体现在（　　）。

    A. 创新了集体合同形式，扩大了集体合同的覆盖面

    B. 建立健全了利益协调机制，促进了劳动关系和谐发展

    C. 规范了企业的劳动用工管理，促进了企业发展

    D. 拓展了工会维权空间，从而切实维护了企业的合法权益

14. 按照用工形式划分，劳动合同可以分为（　　）。

    A. 一般劳动合同

    B. 非全日制劳动合同

    C. 劳务派遣协议

    D. 以完成一定工作任务为期限的劳动合同

15. 劳动争议的复杂性体现在（　　）。

    A. 当事人复杂　　　　　　　　　　B. 争议内容复杂

    C. 诉求复杂　　　　　　　　　　　　D. 争议程序复杂

16. 冲突管理系统建设团队在设计组织的冲突管理系统时需要完成的任务主要包括（　　）等。

    A. 形成初步设计方案　　　　　　　B. 招募管理人员

C. 建立支持结构 D. 试点运行

17. 进行员工背景调查的渠道主要有（ ）。

A. 通过教育部门、学校查询核实求职者的学历信息

B. 通过公安部门、街道办事处、居委会等机构查询核实求职者的身份信息

C. 通过求职者以前的工作单位了解核实求职者的工作表现、离职原因等

D. 通过医疗机构进行录用前体检，了解求职者的健康状况

18. 对冲突管理团队的培训应至少包括（ ）。

A. 法律素养 B. 职业素养

C. 艺术素养 D. 实操技术

19. 公开信息指标评估原则包括（ ）。

A. 科学性原则 B. 系统优化原则

C. 实用性原则 D. 结果导向原则

20. 下列需要修改或调整用人单位劳动标准的有（ ）。

A. 法律法规修改了工作时间和休息休假的标准

B. 用人单位董事会换届

C. 用人单位计划进行大规模的产业技术升级

D. 用人单位所在地的地方政府制定了新的地方劳动标准

21. 劳动规章制度评估常用的定性分析方法包括（ ）。

A. 图表分析法 B. 成本效益法

C. 强制排序法 D. 对比评估法

22. 下列有关我国三方机制的表述，正确的有（ ）。

A. 目前我国推行的是"三方四家"的机制，工商联以雇主组织加入国家三方会议工作

B. 2009 年 7 月，国家协调劳动关系三方会议召开第 15 次会议，增加全国工商联作为国家三方会议的成员单位，这是全国工商联以雇主组织加入国家三方会议工作的重大突破

C. 现全国全部市级以上工商联加入了本级协调劳动关系三方会议

D. 全国工商联作为企业组织代表，与人力资源和社会保障部、中华全国总工会、中国企业联合会/中国企业家协会，共同组成国家三方会议

23. 下列有关人员素质测评特点的表述，正确的有（ ）。

A. 人员素质测评主要是物理测量，而不是心理测量

B. 人员素质测评是抽样测评，而不是具体测量

C. 人员素质测评是绝对测量，而不是相对测量

D. 人员素质测评是间接测量，而不是直接测量

24. 下列属于危机处置原则的有（ ）。

A. 诚实性原则 B. 主动性原则

C. 真实性原则 D. 利益兼顾原则

25. 冲突管理系统在正式实施和运行阶段的主要工作包括（ ）。

A. 系统宣传与推广 B. 协调劳资双方关系

C. 对冲突管理团队的培训 D. 处理员工苦情投诉

26. 根据原劳动保障部《关于确立劳动关系有关事项的通知》，用人单位招用劳动者未订立书面劳动

合同，劳动关系成立需要同时具备的情形有（　　）。

    A. 用人单位和劳动者达成了口头劳动合同

    B. 用人单位依法制定的各项劳动规章制度适用于劳动者，劳动者受用人单位的劳动管理，从事用人单位安排的有报酬的劳动

    C. 劳动者提供的劳动是用人单位业务的组成部分

    D. 用人单位和劳动者符合法律、法规规定的主体资格

27. 下列属于政府及相关部门劳资冲突预防措施的有（　　）。

    A. 加快制定和完善劳动法律法规　　　　B. 加强法律法规的宣传、教育工作

    C. 充分发挥政府主导的作用　　　　　　D. 建立并完善劳动监察体系

28. 企业社会责任是在一定时期社会赋予企业的经济、法律、伦理以及人道主义的期望，包括（　　）、支持慈善事业、捐助社会公益、保护弱势群体，等等。

    A. 遵纪守法　　　　　　　　　　　　　B. 保护环境

    C. 保护消费者权益　　　　　　　　　　D. 保护劳工的基本权利和人权

29. 下列有关集体协商中对抗模型的表述，正确的有（　　）。

    A. 仔细地分析自己和其他方的利益需求，而不是盲目地预设谈判立场；有更高层次的信息交换

    B. 事先就拟定好对抗立场与目标；过分夸大自己的态度；较早地公开选定立场；通过一个发言人作渠道沟通

    C. 相对以往的"如何分蛋糕"，更多地考虑如何"把蛋糕变大"

    D. 从来不让自己讨价还价；总是用强制性的力量；动员选民的支持

30. 劳动者可以通过（　　）预防劳资冲突。

    A. 集体谈判　　　　　　　　　　　　　B. 提高自身的法律意识

    C. 成立自治组织　　　　　　　　　　　D. 妥善运用申诉渠道

31. 下列选项中，属于商业秘密特征的有（　　）。

    A. 经济性　　　　　　　　　　　　　　B. 秘密性

    C. 措施性　　　　　　　　　　　　　　D. 合法性

32. 劳资协商决定事项落实情况评估的内容不包括（　　）。

    A. 协议方案是否合理　　　　　　　　　B. 实施行动是否得力

    C. 是否取得了预期的效果　　　　　　　D. 实施时机是否合适

33. 下列有关区域性和行业性集体合同的表述，不正确的选项有（　　）。

    A. 区域性集体合同是指在一定区域内（指县、区、乡、镇、街道、村），由地方工会或者行业性工会联合会，就劳动报酬、工作时间、休息休假、劳动安全卫生、保险福利等事项进行平等协商，所签订的集体合同

    B. 行业性集体合同主要是指在一定行业内，由地方工会或者行业性工会联合会与相应行业内企业方面代表，就劳动报酬、工作时间、休息休假、劳动安全卫生、保险福利等事项进行平等协商，所签订的集体合同

    C. 行业性工资集体协商一般每年进行一次，工会可在原行业工资集体合同期满前5个月内，向企业方书面提出重新签订或续订的要求，并发出协商要约

    D. 目前，区域性集体合同签订的程序没有明确的国家法律条文作为参考

34. 工资制度一般要遵循的原则有（　　）。

　　A. 同工同酬原则　　　　　　　　　B. 平衡原则

　　C. 合法保障原则　　　　　　　　　D. 按需取酬原则

35. 下列关于集体合同协作履行原则的表述，正确的有（　　）。

　　A. 当集体合同没有得到正确的履行或发生不适当履行时，任何一方违约，另一方都要帮助其纠正

　　B. 协作履行的原则要求任何一方都要保证自己能够实际、全面履行合同的内容和条款，任何一方完成自己的任务，就为合同的履行打下了良好的基础，也是协作的前提之所在

　　C. 在集体合同履行的过程中，双方当事人要相互关心，并进行必要的相互检查和监督，例如可以建立由企业管理者和劳动者相同人数组成的监督小组，共同监督集体合同的实施

　　D. 工会有责任在其会员违反义务时，行使团体的力量来敦促会员履行义务，必要时可以采取停止团体成员资格的方式

36. 根据 2012 年新颁布的《企业民主管理规定》的规定，职工董事拥有的权利包括（　　）。

　　A. 参加董事会会议，行使董事的发言权和表决权

　　B. 就涉及职工切身利益的规章制度或者重大事项，提请召开董事会会议，反映职工的合理要求，维护职工合法权益

　　C. 列席与其职责相关的公司行政办公会议和有关生产经营工作的重要会议

　　D. 要求公司工会、公司有关部门和机构通报有关情况并提供相关资料

37. 下列有关劳动合同履行的表述，错误的有（　　）。

　　A. 用人单位的法定代表人发生了变更，不影响劳动合同的履行

　　B. 用人单位可以与劳动者签订自愿加班协议，劳动者自愿加班的，用人单位不支付加班费

　　C. 劳动者在工作中，遇到用人单位管理人员违章指挥的，为了保证工作及时完成，应按照管理人员的指令进行操作，但在事后，劳动者有权对其提出批评、检举和控告

　　D. 用人单位发生合并或者分立等情况，原劳动合同继续有效，劳动合同由承继其权利义务的用人单位继续履行

38. 职工董事、职工监事制度的创新包括（　　）。

　　A. 建立职工董事、职工监事的述职制度

　　B. 建立职工董事、职工监事联系群众的制度

　　C. 建立职工董事、职工监事了解企业情况的制度

　　D. 建立职工董事、职工监事的监察制度

39. 下列有关行业性集体协商的有关说法，正确的选项有（　　）。

　　A. 行业集体协商主要围绕行业最低工资标准、工资调整幅度、劳动定额和工资支付办法等进行，总体是以协商行业工资标准为主

　　B. 行业性集体协商可以根据不同行业性质，从实际出发，对工资集体协商的内容有所侧重

　　C. 同一行业的企业，特别是同行业非公有制大型企业、劳动密集型企业相对集中的地区，是开展行业性工资集体协商工作的重点

　　D. 行业性工资集体协商具有调整劳动关系的层次更高、力度更大、范围更广的优点

40. 危机隔离的策略主要有（　　）。

　　A. 财产隔离　　　　　　　　　　　B. 危害隔离

　　C. 废品隔离　　　　　　　　　　　D. 人员隔离

劳动关系协调员(高师)理论知识试卷参考答案

一、单项选择题（本大题共60小题，每小题1分）

1. B	2. B	3. C	4. A	5. B	6. D	7. C
8. D	9. A	10. C	11. D	12. D	13. A	14. B
15. C	16. A	17. D	18. B	19. B	20. A	21. D
22. B	23. A	24. C	25. B	26. D	27. A	28. A
29. D	30. A	31. B	32. D	33. B	34. C	35. B
36. D	37. B	38. B	39. D	40. D	41. D	42. D
43. D	44. A	45. D	46. D	47. B	48. D	49. B
50. A	51. A	52. B	53. D	54. B	55. C	56. A
57. B	58. A	59. B	60. C			

二、多项选择题（本大题共40题，每小题1分）

1. ABD	2. ABC	3. ACD	4. ACD	5. ABC	6. BD	7. ABCD
8. ABCD	9. BC	10. AC	11. ABC	12. ABD	13. ABC	14. AB
15. ABC	16. ACD	17. ABCD	18. ABD	19. ABC	20. ACD	21. ACD
22. AD	23. BD	24. BCD	25. AC	26. BCD	27. ABD	28. ABCD
29. BD	30. BD	31. ABCD	32. ABC	33. AC	34. ABC	35. ABCD
36. ABC	37. BC	38. ABC	39. ABD	40. BD		

劳动关系协调员（高师）专业技能试卷

一、简答题（本大题共 2 小题，共 25 分）

1. 职工代表大会的工作制度包含哪些内容？（10 分）

2. 简述我国影响劳动争议的因素。（15 分）

二、综合题（本大题共 4 小题，共 75 分）

1. 2010 年 5 月，广州本田汽车零部件公司数百名工人因不满工资低、福利差、中外籍员工同工不同酬而集体停工，要求厂方合理加薪、规范管理制度，整改工会。

据媒体报道，一位本田零部件公司员工晒出了工资单，到手的工资仅为 1211 元。另一位本田零部件公司员工这么描述工资增长速度："我在本田干了 2 年半了，第一年工资涨了 28 元（理由是公司刚起步很多项目还没投产）；第二年涨了 29 元（理由是公司部分项目尚未完全投产）；到了第三年在项目全部投产后也仅加了 40 多元。"还有一位员工告诉记者，公司一个 20 多岁的外籍员工曾自称每月工资有 5 万元人民币，这还不包括令人艳美的补贴和福利。

（1）请结合本案例，分析用人单位完善劳动标准中的薪酬标准应注意的问题。（10 分）

（2）请结合本案例，拟定用人单位处理集体停工这一突发事件的一般流程。（10 分）

2. 2009 年 3 月，女工李晓失业了，而就在此时，她的身份证也不小心遗失了。李晓急于找到一份新工作，来不及回老家补办身份证，于是向堂姐李欣求助。很快，李晓拿着堂姐李欣的身份证求职成功，在一家公司任业务员，并签订了劳动合同。2011 年 7 月，李晓在上班途中遭遇交通事故，不幸身亡。直到此时，公司才发现她的真实身份。公司认为，李晓签订的劳动合同是无效的，不承认与李晓有合法劳动关系存在，因此不承认李晓享受工伤待遇。

（1）本案例中，李晓因交通事故身亡，是否能够享受因工死亡待遇？请说明理由。（10 分）

（2）请结合本案例，分析用人单位招聘员工时应如何进行背景调查？（10分）

3. 2009 年 12 月 23 日，沈阳肯德基工会向企业行政方发出要约，要求平等协商签订集体合同。但是企业行政方一直消极应对，三个月以后，集体协商没有取得任何实质性的进展。

2010 年 3 月 31 日，工会方向沈阳肯德基行政方发出律师函，要求在收到该函 5 日内，对集体合同中工资标准和调整幅度等核心内容做出明确书面答复。4 月 28 日，工会方与行政方再次就核心条款进行协商。但在多次沟通后，行政方仍以未得到总部回复为托辞，拒绝在其集体合同草案中明确工资调整幅度。

2010 年 5 月 11 日《华商晨报》A7 版头条以《肯德基数千员工集体合同"难产"》为题报道了此事，称合同中的"工资调整幅度"是"众所周知的关系职工切身利益的重要条款"，但"因肯德基方面的原因"仍未能明确，"签订集体合同工作因此受阻"。

2010 年 6 月 2 日，双方再次开展集体协商。工会方坚持认为，应在集体合同中量化最低工资标准和工资年度涨幅，建议两者分别为 900 元/月和 5%。行政方则不予接受，认为尤其提出不能将 5% 的工资涨幅写入合同，其理由是，影响企业经营的因素很多，其中多数为企业无法控制。而此前工会方了解到，沈阳肯德基公司 2007 年至 2009 年利润年增长 30.7%，但员工基本工资维持在不低于 700 元，工资总额年均仅增长 8.2%。因此工会方认为"最低工资增至 900 元、年均调薪 5%"的条件并不苛刻。

经过双方反复磋商，沈阳肯德基工会和企业行政方最终签订了集体合同，合同约定沈阳市肯德基员工的最低工资不低于每月 900 元，承诺员工工资的平均年度增长幅度达 5%，期限为一年半。

　　一位知情人士分析，之所以这次工会与肯德基谈判这么难，原因有多个方面。其中很重要的一点是，肯德基实力强大，沈阳肯德基公司旗下有肯德基、必胜客餐厅近60家，正式员工约2000人，还不包括兼职员工。因对就业等因素的考虑，工会只能态度坚决而礼貌。

　　（1）工会方向沈阳肯德基行政方发出律师函的法律依据是什么？（5分）

　　（2）请结合本案例，分析集体协商的谈判策略。（15分）

　　4. 丁先生是某乳制品公司的销售业务员。由于业务员工作特殊，经常出外勤，该公司对销售岗位实行不定时工作制，并获得劳动行政部门的审批。为了监督业务员的工作，公司单方面颁布了《销售业务员考勤管理办法》，并给每位业务员配发了一部特殊的手机，通过这部手机，公司可以准确知道业务员所在的具体位置。起初，业务员们对公司的做法非常反感，但是公司方面表示：要么接受定位手机，要么离开公司。业务员们无奈接受了定位手机。同时公司方面也承诺，只在工作时间对业务员进行定位，并且每次公司对业务员进行定位时，业务员的手机都会接收到相应信息。

　　某日下午五点半，丁先生忙完一天的工作，正和朋友吃饭聊天，这时候他的手机又收到了公司的定位信息，丁先生知道这是公司又在对他进行定位了。这让丁先生很反感，他认为自己的工作已经结束，在休息时间公司还对自己进行定位，侵犯了自己的休息权。但是公司认为，销售业务员实行不定时工作制，公司有理由认为事发当日下午五点半是丁先生的工作时间。

　　（1）请对本案例中《销售业务员考勤管理办法》的合法性进行分析。（7分）

（2）请结合本案例，分析企业制定劳动规章制度中的考勤制度时应注意的问题。（8分）

劳动关系协调员(高师)专业技能试卷参考答案

一、简答题（本大题共 2 小题，共 25 分）

1. 职工代表大会的工作制度包含哪些内容？（10 分）

参考答案及评分要点：

职工代表大会的工作制度应包括：职工代表大会的会议制度、职工代表大会专门小组工作制度、职工代表大会团（组）长和专门小组负责人联席会议制度、职工代表活动制度以及民主管理考评制度。

（1）职工代表大会的会议制度的工作应包括决定职工代表大会的届期、每年召开会议的次数、会议议题、议程、决议形成与修改等事项。

（2）职工代表大会专门小组工作制度是保证专门小组围绕职工代表大会相关职权的政策落实而设立的制度，它是承上启下的枢纽机构。

（3）职工代表大会团（组）长和专门小组负责人联席会议由单位的工会委员会召集，联席会议可以根据会议内容邀请党政负责人或其他有关人员参加。所讨论确定的问题，需向下一次职工代表大会报告，并予以确认。

（4）职工代表活动制度包括对职工代表参加职工代表大会会前、会中及会后活动的要求，规定日常活动时间、活动内容及组织领导等内容。

（5）民主管理考评制度是企事业单位为了促进贯彻和执行职工代表大会实施细则，以及职工代表大会决议的落实，保障职工民主管理权利的责任管理制度。

2. 简述我国影响劳动争议的因素。（15 分）

参考答案及评分要点：

（1）经济和社会发展不平衡，导致社会矛盾尖锐，劳动争议增加。

（2）收入差距扩大，群体间利益分化严重。在劳动关系领域，资方与劳方在收入分配上的不公引发了劳资双方收入差距不断扩大，双方经济社会地位差距悬殊等问题。

（3）效率与公平关系的偏差对恶化劳动关系起到推波助澜的作用。部分地区在经济利益导向的作用下，对劳动者利益诉求关注较少，导致他们的天平有意无意间地偏向资方，从而使劳动者处于弱势地位，引发各类劳动争议案件发生。

（4）劳动力市场不健全，劳动者处于弱势地位。现阶段，我国劳动力市场城乡分割依然存在，农村劳动力多数被局限在劳动密集型企业的简单操作岗位，工资待遇水平较低。同时，我国大多数企业属于劳动密集型产业，对劳动力素质、技术要求不高，劳动力的可替代性很强，求职者并不具备多少讨价还价的条件。

（5）经济增长方式对劳动关系的影响。长期以来，我国的经济增长依靠出口和投资拉动经济发展，导致我国部分职工处于低工资、差保障的弱势局面。

（6）三方原则没有真正发挥作用。现阶段，我国劳动者和用人单位双方利益关系缺乏一致性和合作性，劳动关系的自我协调机制尚不健全。劳动关系协调中的三方原则无法得到真正有效的发挥，劳动者权益和诉求不能有效地表达，企业方对劳动者利益的保护意识较为薄弱，从而导致劳动争议案件不断发生。

二、综合题（本大题共4小题，共75分）

1. 参考答案和评分要点：

问题（1）

①用人单位应进行完善薪酬标准的必要性和可行性评估，判断现有薪酬标准是否符合法律，是否维护了公平的目标，是否提高了组织的效率。本案中，广州本田汽车零部件公司应评估当前的薪酬标准，评价其完善的必要性和可行性。

②对薪酬调整方案的内容完善必须遵循按劳取酬原则、同工同酬原则、平衡原则和合法保障原则。本案中，广州本田汽车零部件公司在完善薪酬标准时，应坚持上述原则。

③完善薪酬标准，必须考虑外部因素和内部因素。外部因素包括劳动力市场因素、相关的法律法规政策。内部影响因素包括用人单位经营状况，企业文化和战略。本案中，广州本田汽车零部件公司应充分考虑企业面临的外部因素和内部因素。

④完善薪酬标准要充分保障员工接受度，要将调整后的方案征求员工意见。本案中，广州本田汽车零部件公司应广泛征求员工意见，以确保员工对新的薪酬标准广泛接受。

问题（2）

集体停工事件作为突发事件，其处理的一般流程为：

①突发事件处理的准备。一旦突发事件预警不能发挥作用，那么就应该做好准备，实施突发事件处理。可以定期或不定期举行防范各类劳动安全卫生事故的演习，使企业各个职能部门和职工能够在突发事件出现的时候，不致慌乱失措。

②突发事件确认。突发事件确认包括正确将突发事件归类和收集与突发事件相关的信息，以确认突发事件的程度。企业突发事件管理有效与否，除了取决于突发事件管理体系外，在很大程度上还取决于它所包含的各个子系统能否在突发事件发生时有效运作。

③突发事件控制。突发事件控制需要根据不同情况确定工作的优先次序，由集权化的突发事件管理机构作出决定，迅速反应。

④突发事件解决。在突发事件解决过程中，最关键的是速度。如果能及时、有效地化解突发事件，可以避免突发事件给企业造成的损失。

2. 参考答案和评分要点：

问题（1）

①李晓能够享受因工死亡待遇。

②李晓冒用他人身份与公司签订劳动合同，属于以欺诈手段签订劳动合同，是无效。劳动合同虽然被确定为无效，但是由于存在实际的用工行为，公司和李晓之间依然存在事实劳动关系。

③李晓上班途中遭遇车祸身亡，属于我国《工伤保险条例》的认定工伤的范围，因此应当认为为因

工死亡，应当享受因工死亡待遇。

综合评价：条理清楚，卷面整洁，能够理论联系实际，或者答案不在上述要点之中但具备一定的合理性，酌情给分。

问题（2）

①员工背景调查的必要性。劳动合同订立过程中，尤其是招工录用阶段，用人单位和劳动者依法承担的相互如实告知必要信息以满足对方信息需求的义务。但是，处于对自身利益的考虑，劳动者有可能向用人单位隐瞒部分个人信息，从而影响用人单位的用工决策，并带来一定的风险。因此，有必要对员工进行背景调查。本案中，由于李晓隐瞒了身份信息，就给用人单位带来了风险。

②背景调查的内容。根据《劳动合同法》第8条的规定，原则上应当限于用人单位享有知情权的内容，即与劳动合同直接相关的劳动者基本情况。主要内容包括：学历水平、工作经历、综合素质、与原用人单位劳动关系状况等。

③进行背景调查的渠道。通过公安部门、街道办事处、居委会等机构查询核实求职者的身份信息；通过教育部门、学校查询核实求职者的学历信息；通过求职者以前的工作单位了解核实求职者的工作表现、离职原因等；通过医疗机构进行录用前体检，了解求职者的健康状况；对于关键岗位的候选人，必要时可以委托专业机构完成背景调查。

3. 参考答案和评分要点：

问题（1）

工会方向沈阳肯德基行政方发出律师函的法律依据是：

《集体合同规定》第32条规定："集体协商任何一方均可就签订集体合同或专项集体合同以及相关事宜，以书面形式向对方提出进行集体协商的要求。一方提出进行集体协商要求的，另一方应当在收到集体协商要求之日起20日内以书面形式给予回应，无正当理由不得拒绝进行集体协商。"

问题（2）

策略的谋划和运用，是开展工资集体协商的重要因素，对于依法合规开展工资集体协商，并确保取得成功具有助推作用。从一般意义上讲，通常运用的策略有以下几个方面：

①双赢策略。在工资集体协商过程中，要取得双方都满意的结果，既要考虑职工的利益目标，也要兼顾企业行政方的利益目标，从企业的实际出发，通过有效的集体协商使双方共同受益。

②推进策略或退让策略。若劳动力市场供小于求，职工协商代表可抬高要求；若劳动力市场供大于求，职工协商代表应当采取退却策略，以暂时的让步，换取未来的回报。

③坚守策略。职工协商代表宜采取坚守策略，坚持不降低原有工资标准，并力争有所提高。

④迂回策略。各项劳动标准之间有着内在联系，即存在此消彼长的关系。对此，职工协商代表可采取相应的迂回策略，并且善于借助其他力量给对方施加压力，如借助媒体力量。

⑤包容策略。在工资集体协商中，要允许对方提出不同的观点、意见，认真倾听，理性思考，正确对待，求同存异，保证工资集体协商在和谐有序的气氛中进行。

4. 参考答案和评分要点：

问题（1）

①本案中《销售业务员考勤管理办法》不合法。

②《劳动合同法》第4条第2款明确规定："用人单位在制定、修改或者决定有关劳动报酬、工作时

间、休息休假、劳动安全卫生、保险福利、职工培训、劳动纪律以及劳动定额管理等直接涉及劳动者切身利益的规章制度或者重大事项时，应当经职工代表大会或者全体职工讨论，提出方案和意见，与工会或者职工代表平等协商确定。"

本案中，公司单方面颁布《销售业务员考勤管理办法》，并且强迫职工接受是违法的。

问题（2）

①企业有权制定本企业的考勤制度并对劳动者的考勤和休假进行管理，企业在制定工时和休假制度时应履行一定的程序和手续，在法律上对于考勤的程序和手续并无具体规定，可以由企业根据实际情况加以规定。

②为了保障考勤制度的顺利实施，尽量避免劳动争议的发生，在制定考勤制度时应该对以下内容进行详细、准确的界定：正常工作时间、休息时间、考勤方式、对迟到早退和旷工的解释、违反考勤制度的处罚措施等。

③企业制定的考勤制度不得违法，必须经过民主的程序征求职工意见，并且向职工进行公示。违反其中任何一项都会导致考勤制度的无效，从而对劳动者没有法律上的约束力。

劳动关系协调员（高师）综合评审试卷

....
注意事项

1. 考试时间：180 分钟。
2. 请在试卷的密封线以内填写准考证号、姓名、工作单位。
3. 请仔细阅读题目，在规定的位置填写答案。

【背景资料】

长阳出租汽车公司拥有 1000 余辆出租车，从业的出租汽车司机达 1000 多人，分属于 10 个车队，车队长是司机的直接主管。

长阳出租汽车公司与每名出租汽车司机都订立了劳动合同，为每一名出租汽车司机向劳动行政部门申报了不定时工作制。实际上，绝大部分司机每天的运营时间都达到 10 个小时以上，且尽量压缩休息日的天数。随着国家《职工带薪年休假条例》的施行，带薪年休假制度却难以在出租汽车公司落实。究其原因，其一，眼下出租汽车行业，司机仍较紧缺，公司基本只能维持一人一车，根本无法为休假司机安排顶班人员；其二，司机与公司签订的是定额承包合同，司机每月收入和运营收入挂钩，休了年休假就意味着减少了运营收入，带薪休假成了"无薪休假"。因此，很多出租车司机根本不愿休假。休息时间的减少直接影响着出租车司机的健康状况，导致出租司机职业病多发、疲劳驾车现象频频发生。

长阳出租汽车公司制定了《工作例会管理规定》，要求每个车队每周二下午必须召开一次工作例会，进行工作总结、安全教育等事项，每名出租车司机必须参加。然而，不少出租车司机认为，每天的工作都是在外面跑，每次回车队开会，虽然会议时间不长，但一来一回耽误大半天，且都是黄金运营时间，很不划算，因此不愿意参加工作例会；还有一些出租车司机认为开会就是领导念念报告，走走形式而已，没有什么意义，于是经常在会场睡觉、聊天。

除了劳动合同外，长阳出租汽车公司还和每名出租汽车司机签订了承包经营合同，根据此合同的约定，司机每月运营收入的大部分将上交给出租车公司作为管理费用，俗称"份儿钱"。近年来，由于工作性质的原因，愿意从事出租汽车司机这一职业的人越来越少，该公司已经开始出现闲置车辆，无法招用到运营司机。同时，司机们关于出租车的"份儿钱"过高的呼声也越来越强烈，也令公司倍感压力。

长阳出租汽车公司在成立之初就成立了工会。2012 年 2 月 27 日，交通运输部、人力资源和社会保障部、全国总工会召开电视电话会议，联合宣布从 2012 年 3 月起开展为期两年的"出租汽车行业和谐劳动关系创建活动"。全国各地将逐步推行出租汽车企业员工制经营模式，代替目前承包挂靠制；同时还将普遍开展工资集体协商。前不久，长阳出租汽车公司所在的滨海市成立了出租汽车行业工会，行业工会成立后，开始积极推进该市的出租汽车行业工资集体协商。长阳出租汽车公司是滨海市出租车行业的龙头企业，也积极参与到行业工资集体协商的工作中。

长阳出租汽车公司的人力资源部门专门设立了劳动关系主管职位，在接下来的 3 个小时里，您将扮演劳动关系主管的角色，完成以下评审项目。

【项目评审一】

长阳出租汽车公司将对《工作例会管理规定》这一劳动规章制度进行评估，请设计一个评估方案。（30 分）

【评审项目二】

长阳出租汽车公司已经将落实《职工带薪年休假条例》提上议事日程，要求劳动关系主管结合公司实际情况，制定新的休息休假劳动标准。请设计制定此项企业劳动标准的流程。（20 分）

【项目评审三】

　　为了做好滨海市出租汽车行业工资集体协商工作，请撰写一份《关于开展出租汽车行业工资集体协商的汇报》，向本企业职工代表大会介绍关于工资集体协商的基本程序和工资集体合同的重点内容，以及开展行业性工资集体协商的优势。（50 分）

劳动关系协调员(高师)综合评审试卷参考答案

【项目评审一】

长阳出租汽车公司将对《工作例会管理规定》这一劳动规章制度进行评估,请设计一个评估方案。(30分)

参考答案和评分要点:

(1)评估者;

(2)评估对象;

(3)评估目的;

(4)评估标准;

(5)评估方法;

(6)评估活动的安排以及评估经费的筹措和使用情况。

【评审项目二】

长阳出租汽车公司已经将落实《职工带薪年休假条例》提上议事日程,要求劳动关系主管结合公司实际情况,制定新的休息休假劳动标准。请设计制定此项企业劳动标准的流程。(20分)

参考答案和评分要点:

制定企业劳动标准的流程为:

(1)组织起草班子;

(2)进行基础调研,进行可行性分析,并形成总结报告;

(3)正式起草企业休息休假劳动标准草案;

(4)征求意见,提交职工代表大会或者全体职工讨论;

(5)审查并签发方案,公布施行。

【项目评审三】

为了做好滨海市出租汽车行业工资集体协商工作,请撰写一份《关于开展出租汽车行业工资集体协商的汇报》,向本企业职工代表大会介绍关于工资集体协商的基本程序和工资集体合同的重点内容,以及开展行业性工资集体协商的优势。(50分)

参考答案和评分要点:

1. 工资集体协商的基本程序。

(1)以书面形式向企业方提出协商要约或回复企业方提出的协商要约。

（2）做好协商前的各项准备工作，确定行业性工资集体协商议题。

（3）进行行业性工资集体协商，形成行业工资集体合同（草案）。

（4）建立了行业职工代表大会的地方，行业工资集体合同（草案）应该提交行业职工代表大会讨论通过。

（5）行业工资集体合同签订后 10 日内，报送当地劳动行政部门审查。劳动行政部门审查同意后，行业工资集体合同即行生效并公布。

（6）行业工资集体协商未达成一致意见或出现事先未预料的问题时，经双方同意中止协商的，工会应积极做好向职工说明情况和下次协商的相关准备工作。

（7）行业性工资集体协商一般每年进行一次。工会可在原行业工资集体合同期满前 3 个月内，向企业方书面提出重新签订或续订的要求，并发出协商要约。

2. 工资集体合同的重点内容。

（1）行业最低工资标准。

（2）工资调整幅度。

（3）劳动定额和工时工价标准。

（4）工资支付办法。

3. 开展行业性工资集体协商的优势。

（1）可以更加全面准确地收集和掌握资料。

（2）可以避免单个企业协商代表不会谈的局面。

（3）可以避免单个企业职工代表不敢谈的局面。

（4）覆盖人群范围更广。

（5）克服行业内的无序竞争，优化经济发展环境。

（6）使行业劳动成本平均化，提升行业整体素质。

责任编辑：张　芬
封面设计：吴燕妮

图书在版编目（CIP）数据

高级劳动关系协调师考试指南/徐艳，唐鑛主编. —北京：人民出版社，2013
ISBN 978－7－01－013045－3

Ⅰ.①高…　Ⅱ.①徐…②唐…　Ⅲ.①劳动关系-中国-职业技能-鉴定-自学参考资料
Ⅳ.①F249.26

中国版本图书馆 CIP 数据核字（2014）第 004488 号

高级劳动关系协调师考试指南
GAOJI LAODONG GUANXI XIETIAOSHI KAOSHI ZHINAN

徐艳　唐鑛　主编

人民出版社　出版发行
（100706　北京市东城区隆福寺街 99 号）

三河市金泰源印务有限公司印刷　新华书店经销

2014 年 3 月第 1 版　2015 年 4 月北京第 2 次印刷
开本：880 毫米×1230 毫米 1/16　印张：11.5
字数：313 千字

ISBN 978－7－01－013045－3　定价：40.00 元

邮购地址 100706　北京市东城区隆福寺街 99 号
人民东方图书销售中心　电话（010）65250042　65289539